思想觀念的帶動者

文化現象的觀察者

本土經驗的整理者

生命故事的關懷者

心靈工坊 PsyGarden

GrowUp

愛的開顯就是恩典·
心的照顧就是成長；
親子攜手·同向生命的高處仰望·
愛必泉湧·心必富饒。

青少年魔法書

10位專家的親子教養祕笈

A Magic Book About Adolescents:

10 Experts' Opinions For Parents.

總策劃—王浩威
作者—李偉文、吳佑佑、吳信信、林慈玥、林詩淳、張立人、曾昆一、黃心怡、劉姿君
共同企劃—華人心理治療研究發展基金會、趨勢教育基金會

目錄

contents

獻給家長的青少年魔法書

文／編輯室

連續幾年，趨勢教育基金會與華人心理治療研究發展基金會策劃了「心理魔法營」，每年設定不同主題舉辦演講與工作坊，廣獲熱烈迴響。有感於為人師、為人父母者面臨著時代的劇烈變動，在面對新時代青少年時常常茫然無措，於是，二〇一四年夏天，將「魔法營」的視野聚焦青少年議題，談談這世代的青少年。

兩天的演講毫無冷場，餘音繞樑。為了讓演講談到的新觀念、新方法能與更多父母分享，主辦單位找上心靈工坊，希望能將演講內容改編、集結出書，於是有了本書的出版。

「青少年」是個「準備當大人」的時期。身處現代的我們並不容易想像，過去其實沒有「青少年」這種觀念，人們都是從小孩直接「轉大人」的。

但世界在變，青少年更是在變，時至今日，「準備當大人」這件事似乎越來越耗時，孩子「晚熟」的現象從中學蔓延到職場，連帶地，「當父母」也越來越難了！

因此，本書第一篇將從宏觀的時代視角，看看當代父母的處境與困境，由王浩威醫師細說從頭，為我們解析這個晚熟的世代。

孩子的青春歲月裡，父母、老師、青少年這三方關係既相互支持，也相互拉扯，而青春期的生理、心理變化，讓青少年成了「很難溝通」的人。看著曾經依偎懷中的寶貝變得不可理喻、處處違逆，為人父母者必然感到挫折，但是，家長可曾真正掌握青少年的心理與行為特徵，以有效地溝通呢？

本書第二篇，聚焦親子互動的要領。吳佑佑醫師從青少年的生理、心理挑戰說起，提點親子溝通的要訣；接著，黃心怡心理師聚焦家庭，告訴我們如何成為「有覺知的父母」、「真實的父母」，以營造家庭幸福；劉姿君老師、林慈玥老師，既是心理輔導專家，又身兼教師與家長，她們在多重角色間交叉反思，分享她們是怎麼與一個又一個令人頭痛的孩子周旋，將孩子帶離生涯的危機。

談到「危機」，許多父母不禁想起頭號大敵——網路。虛擬世界危機四伏，即便是上網習慣良好者也會受害。究竟孩子為何依戀網路？網路又有哪些陷阱？網路霸凌應如何避免？在第三篇，鑽研網路成癮的精神科醫師張立人，與趨勢科技的網路專家曾昆一，將分享如何幫助孩子健康上網。

伴隨網路發達而來的，是青少年作息安排的問題。網路讓孩子越睡越晚，越變越宅，青少年生活型態似乎越來越不健康了。鑽研生理與睡眠的林詩淳心理師將從大腦運作的角度，解析維持生活規律的要領。「非常知道怎麼玩」的李偉文醫師，也將從親近大自然、欣賞藝術聊到培養國際觀，將孩子從虛擬世界帶回繽紛美好的現實。

第四篇則要談談跨文化的教養。全球化之下，教養視野比從前更遼闊，它不只是跨世代的議題，也是個跨文化的議題。

二〇一二年，全球颳起「林來瘋」（Linsanity），華裔年輕球員林書豪意外在美國職籃嶄露頭角，萬眾矚目。受人關注的不只是球技，還有他的華裔背景以及哈佛大學的學歷。

大家都在問，林媽媽——吳信信女士是怎麼教出這樣出色的兒子的？這位華人媽媽，又怎麼看待讀哈佛的兒子成為籃球球員？在第四篇，吳信信與她的妹妹，兒童精神科醫師吳佑佑，將分享她們家的教養經。姊妹同樣成長於傳統的家庭教育下，而後一人美國，一人台灣，不管是文化環境與宗教信仰，多少有了差異，她們怎麼看代教養這件事？她們各自家庭裡，又發生了什麼動人的教養故事？

這本書，宏觀地從時代著眼，聚焦家庭、學校，深入網路世界，然後帶您轉身，陪伴孩子面向多采多姿的現實世界。這本書，是獻給家長的青少年魔法書，當您打開來，改變魔法，已經開始發出效力了！

關於本書共同策劃單位

財團法人趨勢教育基金會

趨勢科技創辦人張明正與陳怡蓁夫婦，在成功打造趨勢科技為全球知名的網路安全專家後，於二〇〇〇年成立趨勢教育基金會，分享趨勢科技成功的軟體開發與國際行銷經驗，同時致力推廣藝術文化，期許科技與人文兩相結合，灌注源源不絕的創意，創造台灣新趨勢。

財團法人華人心理治療研究發展基金會

華人心理治療研究發展基金會於二〇〇一年十一月正式成立，成立的目的是為增進華人心理治療人員的專業能力，推廣心理治療的研究發展與相關教育訓練，並期待日後成為全球華人世界的心理治療研究發展與訓練中心之一。

第一篇

新世紀、新少年

——認識當代的教養環境

「準備當個大人」這件事，在今日似乎越來越耗時，連帶地，「當父母」也越來越難了！

這時代的青少年究竟怎麼回事？這時代的父母究竟面臨著什麼處境？

01 晚熟世代下，父母不懂的新困境

過去，並沒有「青少年」這種觀念，
而今，除了「青少年」時期，
還要多一個「準成年期」？

文／王浩威

我國的生育率在二〇一一至二〇一二年以前，是世界最低的，現在人們越來越晚獨立，社會覺得他們對未來缺乏希望與夢想。我們能提供相較以前富裕許多的生活給孩子，可是卻發現青少年憂鬱的現象好像比以前更為普遍。

回想我小時候那個年代，我一九六〇年生的，那時小孩被打是家常便飯，不像後來注重不能體罰，已經很少見到打小孩的景象。然而家長過去雖常打小孩，卻很少出現孩子被打死的案例，現在不打小孩了，虐童致死的狀況反而常見，這又是怎麼回事？

我很幸運，出生在一個可以比父母更有機會成功的時代，可是，為何好像當父母很成功的時候，子女似乎有更多的挫折和陰影。這恐怕是一個很新的狀態，現今青少年這方面的問題頗為複雜，甚至到目前為只還是一個尚未論定的動態觀念，因為我們很難去定義哪個年齡階層算是青少年。這個難題進而便牽連出一些對目前我們所學理論的質疑。比如說，我們台灣話說的「轉大人」，也就是所謂的青春期，意指性發育，這個字眼背後的含意代表大人與小孩的分水嶺；在過去，或者在台灣，只要到了青春期，就等於「轉大人」了，甚至像莎士比亞筆下的羅密歐與茱麗葉，在故事發生的那當口，他們其實分別是十四與十六歲，茱麗葉十四歲，羅密歐十六歲，甚至茱麗葉的媽媽生下茱麗葉的時候也才十三歲。然而，在我們感嘆這樁悲劇愛情的淒美時，我們不會說這是一樁國中生戀愛，不會想到這樣可能會遭到學校開除，只覺得整個盪氣迴腸。莎士比亞在寫這個故事的時候，從來沒有想過男女主角是「未成年」，或者說那個時代根本還沒有青少年的觀念，恐怕跟我們「轉大人」的觀念一樣，只有兒童和成年之分。

還要多一個「準成年期」？

從人類發展史或心智史，可以看到「青少年」的觀念是如何產生的。當居民固守城堡的城邦社會型態，漸漸因需要有所流動的商業交易行為而瓦解時，商業社會慢慢興起，伴隨而來的，是「知識」成為一種需求。識字是一種很晚近的行為，在中世紀，一個人如果識字的話，就會被懷疑是巫師、巫婆，很多被判定為女巫而慘遭燒死的，根據的證據之一就是識字。為什麼？因為人們認為識字之後就會思考，會思考則代表會對神創造萬物的觀念產生懷疑，然而上帝的旨意是不容懷疑的，因此識字便有可能成為女巫。在過去，即使醫生也不用識字，只要會背湯頭歌曲就好，那時候疾病的分類很少，藥物也很少，所以跟學戲子一樣，不用識字，醫生只要會背要訣就可以看病行醫了。

商業社會出現後，有了識字的需求，才真的有了教育。這時候，城市（city）開始建立起來，識字變成公民（citizen）的一種基本能力。成為一個公民的基本要素，除了要繳稅、有投票權之外，會算術、會識字是標準條件，所以培養人們成為公民的訓練的學校就稱為「elementary school」（基礎的學校），也就是我們現在所稱的國民小學，可見小學所教育的內容，最早其實是一個公民的基本條件，所以用「elementary」這個字來表示元素的、要素的含意。

有了教育的概念，才慢慢出現青少年的概念，也就是說從兒童到成年人之間似乎需要有一個過渡期，這個過渡期包括了接受基本教育這個階段。「青少年」（adolescent）這個字到了十七世紀末才出現，十八世紀才慢慢普遍，這跟教育的制度是有關的。

在我那個年代，公民與健康的課本裡面關於青少年的部分是跟青春期一併討論的，然而現在不一樣了，因為營養越來越好，青春期越來越早，公共衛生的研究發現，每隔幾年青春期就會提早半年，但有意思的是，我們結婚的年齡卻越來越晚。青春期代表性能力成熟，而我們的社會雖然不乏婚前性行為，但普遍來說仍然傾向支持婚後才享受性愛，然而現在青春期越來越早，結婚卻越來越晚，這中間原本就很漫長的歲月越來越長，會導致什麼狀況，也是目前青少年問題之所以變得更複雜的原因。

社會學者也因為這種現象而對人類的成長階段區分越來越多。這幾年開始出現一個新名詞：「準成年期」（emerging adulthood）。我們一般人現在口中所謂的「靠爸族」、「夜光族」、「單身寄生蟲」等一大堆負面的標籤，似乎成為一種全球性的現象，比如義大利有一個名詞是「養在家裡的大玩偶」，西班牙則有「千年族」，有點像我們說的月光族，就是錢賺夠了就走人的情況。諸如此類。社會學者亞奈特（Jeffrey Arnett）認為，如果這真是全球性的現象，那麼這是否可能其實是一個人類演化的過程，也就是說人類如果可以從兒童和大人兩個階段慢慢變成更多階段，難道不可能再出現一個新階段嗎？所以他提出「準成年期」這個說法，來解釋為什麼現在年輕人比較晚熟。這個論點還在爭議中，支持的人很多，有國際期刊現在每年舉辦國際研討會討論這個相關的問題，但反對者中最有力的一個說法是：人類真的可以無限的延長嗎？因為至少你的生育與生理時鐘不會等你。

台灣的家庭計畫肇始於一九六〇年代，我父母正好是第一批躬逢其盛的世代，在那之前，節育是有違反攻大業的，節育的話，十萬反共大軍就生不出來了，所以節育被視為是共產黨的陰謀，很多人因為這個主張而身繫囹圄，成為白色恐怖受害者。但蔣夢麟算出台灣這一蕞爾小島無法供養大批人口，所以一定要節育，而他有美國當靠山，因此蔣中正才予以批准。一開始提出來的是五三計劃，就是「婚後三年才生育，間隔三年再生育，最多不超過三個孩子，三十三歲以前全部生完」。之所以婚後三年才生，是因為那時候很窮困，年輕夫妻要存錢準備哺育嬰兒以及補充母體營養。現在三十三歲生第一胎就已經算很了不起了。如果人的成長階段一直增加下去，人類豈不要絕種了。所以，結婚之前生完小孩，也不是不可能，因為傳統藏族便是結婚之前就先有了小孩。

現今我們看到的年輕人，像二〇一四年捷運隨機殺人的鄭捷的案例，只是冰山一角，它可能代表冰山下面有許多問題，諸如所謂的文明病像厭食、自我傷害等，臨床工作者或老師可能會發覺這些個案其實都有比較嚴重的自我空洞感，當內在空洞的時候，他會拚命努力抓取東西來填塞。比較容易抓到的是外表的亮麗，所以我們可以看到現在的年輕人比過去更加重視外表，不管是瘦身、練肌肉或是講究穿著。假如這些努力還是無法彌補他們的信心的話，最後他可能逃避，用拒學、酗酒、藥物甚至自我傷害、自殺等方式來逃避。

也有很多是根本連努力填塞空洞都不去嘗試，時下常耳聞的那些所謂的宅男，他們的自我內在恐怕往往是不確定的，這是青少年問題常常會涉及到的議題——自信不足或自尊心不足之類的。明明一個人看來光鮮亮麗，會打扮，又會說又會唱，可是他的內在可能覺得那是刻意訓練出來的，一旦他處在陌生的場合裡，會突然變得害怕、不安，或是不敢做任何嘗試，很怕受傷害，很怕他的失敗被看到。這樣的年輕人好像是空心的，讓我想到《綠野仙蹤》裡的人物：獅子是沒有勇氣，錫人是沒有心，稻草人是沒有頭腦，他們的狀況跟青少年的問題頗能相呼應：狀況輕微一些的，就只是錫人，外表看來亮晶晶，但是他覺得自己好像沒有心，沒有能力去愛人，他在親密關係裡乍看很熱情，但最後就是不容易定下來；狀況再嚴重一些的，可能像獅子，會覺得自己沒有勇氣，走不出自我設限，雖然在外人看來，他做出很多努力，聲勢張揚，可是潛意識層面他常常在迴避失敗，只要有任何失敗的可能，他就閃人。也就是說，在職場或愛情中，他的表現一開始都不錯，但到了某個程度，當了主管或開始被賦予重要的任務，或關係開始要更進一步時，他反而逃走了。他害怕再下去對方會看穿他並非完美，他害怕失敗。

害怕失敗的一代

拖延進入社會，也反映出這種心態。大學如果跟社會銜接的好的話，比如醫學系大

六、大七就要到醫院實習，所以畢業之後出社會進入職場從來不是問題。但如果唸的是一個完全跟社會脫節的科系，學生很可能潛意識裡覺得自己應該要學得更紮實才能踏入社會，或覺得當初填的志願並非自己的興趣，認為自己的興趣在別處——他永遠有新的理想來搪塞：他不會說「我要逃避」，而會說「我有新的理想」。也因為害怕失敗，所以對批評極為敏感。曾聽到一位雜誌社總編說，好不容易進來一位他覺得不錯的採訪記者，於是請他寫了一篇採訪稿，寫得還不錯，便親自對他鼓勵一番，同時以主管身分也給了他一些可以寫得更好的建議，沒想到第二天這位採訪記者就不來上班了。他們百思不得其解，便去詢問座位在那位記者旁邊、職位跟他比較接近的同事，一問才知道，原來他整個信心崩潰了，所以他在家裡慢慢修補他的信心，然後再思考是否要繼續上班。很多主管有類似這樣的經驗，明明看到某位屬下有才華，給他勉勵，但不自覺講了些對他的看法，屬下卻很敏感地以為主管在否定他。他並非沒有才華，但卻強烈害怕失敗；也因為害怕失敗，他會很猶豫發表自己的想法；他可能有很多創意，但因為不確定是否會得到大家掌聲，所以不敢講出來，好像講出來的一定都要得到讚賞才行。

他也會不自覺地去尋求依賴。在學校或職場，他會希望最好有一位老師或者學長、姐來帶領他，老鳥帶菜鳥，甚至晉升機制非常明白了然，例如進公司訓練幾年之後可以怎樣，通過標準化的歷練程序之後又可以怎樣，以此類推涵蓋一輩子。這種公司最受年輕人歡迎，其中一個代表就是王品，它不僅把工作予以分解，形成制式化的標準，也把你的人生分解得一清二楚。年輕人面對這種一目了然的情況，會覺得自己可以勝任，直到進入公司之後發現人生不應該只有這樣，因而感到痛苦，但他又不敢嘗試別的道路，因為他對不確定的容忍度已經不如以前。

朋友之間的情誼也在這種害怕失敗的心態下有所轉變。在過去，好朋友之間彼此任何狗屁倒灶的事情都不怕讓對方知道，因為好朋友就是要互相支持。但現在好朋友之間更多的是競爭，互相炫耀，所以年輕人會害怕自己不夠好而不被對方接受。偏偏在現今這個個人媒體的時代，部落格或臉書都很表面，從網路上的貼文會覺得彷彿大家的人生中都只有旅行、美食、打卡、吃喝玩樂，但問題是，難道你會自己跟老婆吵架寫成文章、拍個照公開到網路上？於是網路上一面倒的美好人生便讓年輕人以為每個人的日子都過得那樣精彩，相形之下自己乏善可陳。

以往提到「晚熟」這樣的話題，通常都是指國、高中階段的狀況，然而現在職場也出現這種現象了。在台大舉辦的就業博覽會中，某位企業的人資主管觀察到，父母陪著即將畢業的學生前來面試工作的情況早就司空見慣，父母比孩子更積極詢問的狀況也已屢見不鮮，然而當天一對父母前來詢問得鉅細靡遺，但他們身邊卻不見學生蹤影，服務員詢問後，才發現原來孩子在家睡覺。日本人稱拒絕上學、沒辦法進入學校的情形，是「登校拒否」，現在他們則提出「登社拒否」，就是指年輕人沒辦法進入社會，進入社會對年輕人來說是困難的。相對來說，這樣的年輕人常常是以一種自我中心的方式來看待世界、看待社會，這其實也是源自對失敗的恐懼，一種完美主義。

我們必須思考對進入社會的恐懼為何會形成。從薪資水準、失業率以及貧富差距等面向來看，可以發現我們的社會的確充滿不安。

首先，相較於其他國家每年薪資增加百分之十五左右的幅度，台灣剛好相反，甚至起薪還出現負成長的狀況。我有一個老個案便是典型「害怕失敗」的案例，每隔幾年就會再來看我。這位個案念完台大資訊系、台大資訊研究所之後便開始工作，起先在製造面板公司就職，好不容易薪水才慢慢爬上去，但加薪幅度卻明顯在下降，他擔心如果面板產業衰退的話，自己該何去何從，是否該改行，又擔心改行談何容易。因此我鼓勵他，以他的聰明才智，一定能找到出路的。隨後他改去做積體電路（IC）設計，那時IC設計情勢看漲，但後來由於高階的設計贏不過美國，而低階的市場又搶不過大陸，導致IC設計公司的股票跌跌不休，而他剛進這行時的待遇是三百萬，這時當了主管卻變成二百萬，他想到自己有妻有兒，薪水卻一年低過一年，不禁又開始慌張起來，於是再度來跟我商談。而我一個創辦過許多家公司的朋友，則是堅持要自己的女兒去當公務員，因為他說其他行業都可能衰退，只有公務員的薪水是穩定不變的。他還說，依照「摩爾定律」（編按：英特爾創始人摩爾提出，認為積體電路上可容納的電晶體數目，約每隔二十四個月便會增加一倍，但經常被參照的時間為「十八個月」），科技產業每十八個月產量會增加一倍，所以相對來說，這個產業的工作人員的價值就會隨之降低一倍。也就是說，人才不足時，待遇會升高；等到人才供應充足時，待遇便下降，越做薪水越低。不只科技產業如此，醫生的待遇也在逐年下降，這是前所未有的情況。

再者，從失業率來看，年輕人的失業率事實上也越來越高，這則跟經濟成長有關。我們的社會環境，不論是政治、生態，都讓年輕人感到充滿不確定性。在我還是學生的那個時代，老師是社會中最保守的一群人，為什麼老師變那麼保守？老師在台灣社會中的階級地位是在下降的。台灣光復以前，老師的地位很高，但光復之後，尤其台灣企業、產業的結構開始改變的時候，老師的地位便逐年下降。當一個行業的社會地位或收入在下降的狀況時，心態就會變得很保守。醫生的處境也是如此，光復以前也是地位很高，可是隨著類似長庚醫院這樣的私立醫院蓬勃發展之後，醫生就成了受雇階級了。醫學界常常呼籲要學習日據時代蔣渭水、賴德的風範，但那個時代已經遠去了，醫生們自保都還來不及，整個集體的心態就不免趨向保守了。

至於貧富差距，由於貧富差距拉大，使得台灣真的形成不同的階級，越來越明顯。其中最大的問題還是在於向上流動性。過去的社會有一句台灣話說：「黑手變頭家」，現在已經沒有人再這樣講了，因為「黑手」要變成「頭家」現在好像已經不太可能了。然而民國六十幾年的時候，政府提倡「客廳即工廠」，鼓勵每個家庭創業，現在的大老闆很多便是從家庭工廠慢慢發達起來的，可是現在創業的資本額越來越大，遠遠超出「黑手」的能力。當然，貧富懸殊的狀況不只這個因素，但總之已經可以看到階級出現了。過去中產階級沒有明顯感受到上層階級的存在，但現在上層階級具體出現，其隱然形成的壓力使中產階級被排除在外的無力感越來越強，社會中瀰漫一股「悶」的氛圍，不自覺的無力感讓人與社會更疏離了，這時一旦出現能強烈引起共鳴的事件，例如太陽花運動，大家便會不自覺地受到吸引，走上街頭。事實上，民眾不會隨便就上街頭，畢竟過往受騙的經驗太多、失望過太多次了，因此運動的議題如果不能使他們產生共鳴的話，是無法號召他們站出來的。所以，現在政黨造勢活動中往往看不到中產階級參與了，不像過去黨外運動的時候，支持的都是中產階級，而現在支持政黨的都是大老闆，因為政治獻金是一種投資。

做父母的成本越來越高

家庭結構的改變也是青少年問題中重要的一環。當大家族瓦解，而四周也充斥瓦解的氣氛之時，小家庭也會害怕步入瓦解的後塵。在這種情況下，人們就會過度自我保護，把家抓得特別緊，而這是要付出代價的，代價就是家庭成本的增加。大家族瓦解就已經使得小家族的成本增加，舉例來說，假如你有兩個孩子，其中一個突然晚上九點生病了，必須去看急診，而醫院是一個病患進出、感染風險很高的地方，不適合將另一個健康的孩子也帶去，這時該怎麼辦？你能在這個時段找到多少人來幫你照顧這個孩子？這便是經營家庭的成本。過去大家族的時代，我父母常常丟我一人在家，出遠門去喝喜酒，摩托車一騎得花上兩個小時，回來的時候往往已經晚上九點、十點，所以他們早上出門時便會給我十塊錢。那時我的零用錢是每天五毛，我們班上五十幾個同學裡大概有十個人每天有五毛零用錢，只有一個同學因為爸爸是醫生，零用錢是一塊，所以那時候十塊錢算很多了。於是我四點下課就去吃蚵仔麵線，再去抽一個尫仔標，玩個彈珠，晃到七點多才回家。那年代七點已經算很晚了，但我心想反正大人不在家，神不知鬼不覺，果真父母回家後也沒察覺。但是沒想到，幾天之後東窗事發，挨了頓打，因為可能隔壁鄰居張叔叔跟家長說，你家小孩是不是準備考私立初中啊，看書看到七點多回來，是不是開始補習了啊？街坊鄰居的這種關心，本身就是很好的安全網，當然你也可以說這是嚴重的社會控制，可是至少從父母的立場來看是很安全的，可以把孩子丟著也從來沒想到會有危險。那時候做父母的成本很低，而現在不光是錢的花費，心理成本的負擔事實上也使得父母難為。

在這種情況之下，如果一個家庭有社交焦慮，整個家庭就會越來越封閉，青少年就會特別害羞；如果家庭是特別愛面子的，對孩子就有很多不合理的高期待；或者，因為家庭與家庭之間彼此的距離越來越大，所以事實上家庭衝突越來越難被看到，家裡的祕密也就越來越多，這其中或許便出現孩子過早要承擔情緒，或是孩子被忽略，或是對父母嚴重失望的情形，越來越多。也因為這樣，對孩子過度保護的情形便常常會出現，父母的出發點好像是一種愛，但實際上是剝奪了孩子成長的機會。重男輕女的觀念好像沒以前那麼明顯，但其實還是很嚴重，大部分人還是覺得男孩在課業上的成就很重要，對女孩就只求有、不求好，例如同樣是就讀設計、戲劇之類的科系，一般就會覺得對女孩而言很不錯，但男孩可能就得面臨艱苦奮鬥。

於是便出現兩種極端的家庭。一種是家庭功能尚可的家庭，這種家庭會關心親子問題，而且通常父母很焦慮。這些父母雖然口頭上不覺得自己要求完美，但被問到允不允許自己犯錯，大部分都回答最好不要犯錯。我稱這種情況是「被動完美」：雖然不是主動要求完美，但卻不允許自己犯錯。但是，人怎能不會犯錯呢？即使是老師，甚至總統也都會犯錯，何況身負親職的父母。如果你不允許自己讓別人失望，那往往你就失去學習的機制；如果你允許自己只要盡了心、夠努力就足夠的話，一旦你遇到問題，你會學習、你會思考、你會改，這樣的父母其實才是對小孩的成長比較好的父母。焦慮的父母帶出來的小孩子自發性很低，或許他一路成績都很不錯，但可能突然有一天整個翻轉，懷疑自己為何要這樣過日子。我曾有一個資優生個案，他從小就被視為資優生，而且是資優班裡的資優生，父母雖非刻意，卻常不自覺地在別人面前炫耀。到了國中的時候，他莫名所以地突然不願意再成為別人眼中的天才，不想再這樣跟他人格格不入，於是暑假參加了某個幫派，發生了很多事，造成他巨大的創傷，到現在他都不敢去回想那些經歷。他曾說，那時彷彿有一個黑暗的自己，完全是他自己現在回想起來也不認識的自己。這是個比較極端的例子，大部分是開始譴責父母只重視讀書，不允許他有其他發展，或者當他上了台大之後無法再繼續維持第一名的成績，終於失去那唯一肯定自己的東西時，那種失望一出現，已往的順服便倒轉過來反撲到父母身上，或是反撲到自己身上而產生自我失望。

另一種極端的家庭則是功能不足，甚至是家庭結構混亂。這造成孩子在成長過程中缺乏基本的愛或信任、依賴或依戀，於是不自覺地渴求得到愛，喜歡跟同儕混在一起。有些女孩甚至因為渴望有人陪伴而去援交，她未必需要那麼多錢或者根本不缺錢，但她晚上一個人感覺到不知該如何排解的寂寞時，她寧可上網聊天，也知道跟那些人出去就是要做愛，但在這個過程裡面她有被需要的感覺，而且很強烈。除了渴求愛之外，也可能變成缺乏同理心，因為他在成長過程中沒有被同理過。對於一般所謂的「冷血」或「反社會」的人，其實應該思考的恐怕不是他是否來自破碎家庭，而是他的家庭也許外表看來很美好，但父母只看到孩子的成績、能力跟表現，卻看不到孩子內心的感受、心情的沮喪等等，也就是父母並沒有將同理心發揮在孩子身上，孩子自然也就無法學習同理別人；當他痛苦的時候，沒有人感受得到，他也就學會忽視痛苦，或是反過來不認為有「痛苦」這種感覺，於是他自然不會覺得自己的行為會使對方感到痛苦。像捷運殺人案的鄭捷，被逮捕時並沒有顯現出「很痛！」的表情，出庭時的表現也彷彿「把我殺了，我也不覺得痛」的模樣，也許他是真的不覺得痛。另外，功能不足的家庭也可能導致孩子出現「小大人症候群」，因為孩子從小靠自己照顧自己，看起來很成熟，但長大後會出現親密關係困難、過度早熟等等問題。

焦慮的父母，擴大了「家」的範圍

焦慮的父母會把自己的焦慮投射在孩子身上，害怕孩子離開家，因為家以外的世界充滿無法掌握的不確定。孩子終究會長大，父母便不斷將「家」的範圍擴大，於是開始將學校家庭化，甚至將社會也家庭化，父母陪孩子去求職應徵，就反映出這種情形。企業沒辦法改變社會文化，只好反過來配合，例如晶華飯店的人事部門發覺他們飯店的年輕人離職率很高，而且有六成的離職原因是員工的父母無法接受自己的孩子大學畢業，卻竟然在飯店裡做類似鋪床單的工作。於是人事部門舉辦父母會，邀請已經在飯店裡工作三、四年的員工的父母，向全體員工分享他們的孩子進到晶華從最基本的鋪床、注意清潔等做起，三、四年下來變得成熟許多的情形，希望藉此讓其他員工的父母了解這個職場能協助他們的孩子成熟。

心理學家艾瑞克森（Eric H. Erickson）的心理社會發展論認為，人生不同階段都有其必須面臨抉擇的課題，當一個人經過探索，最後定下一個選擇投入時，他便選擇了自己的人生方向，也完成了自我認同。艾瑞克森的一位學生卻提出另一個看法，他認為並非所有人都像艾瑞克森所想像的那樣。他認為在青春期以前的幾個認同階段，如果沒有建立起諸如基本的信任、自信、責任感等等自我感受，自我認同可能就沒有完成，也會讓人沒有能力跨出去，沒有自發性，過得渾渾噩噩，造成他永遠都在自我探索。

我曾做過婚姻諮商，遇過一位已經四十五歲的爸爸，孩子都國中了，他卻堅持要離婚去「追尋自我」，可見他當初結婚可能並非心甘情願。這種狀況通常比較常在女性身上出現，艾瑞克森的另一位學生卡若・吉利根（Carol Gilligan）是很有名的女性主義心理學家，她認為艾瑞克森的階段男女性是不同的：女性是先完成親密關係，再完成自我認同，也就是等完成了家庭才開始思考自我，而往往思考自我的時候發現自己並不適合這個婚姻或丈夫，但應對方式未必是離開家。但是如果是男性結了婚、孩子也長大之後才說要追尋自我，恐怕他其實永遠處在漫長摸索的過程中。其他像念大學時覺得興趣不合而不斷轉換科系，或畢業後一直轉換工作，永遠有很多理想，其實都是停留在摸索階段之中。

艾瑞克森的好友布羅斯（Peter Bols）針對青少年提出一個觀點，也就是「一致主義」。孩子幼時依附著父母，還不是一個獨立的個體，等長大到可以獨自到處玩耍時，他是一個獨立個體了，這便是第一次個體化。但在青少年這個階段，他其實是依附著同儕的，無論是講話的語氣、口頭禪、穿著打扮，他都要跟別人看齊，甚至也要半夜起來看足球賽，或是也要有智慧型手機。這就是布羅斯的「一致主義」。等到有一天你聽到孩子拒絕朋友邀約打籃球，因為他要跟某某女孩子出去，你就知道，他已經從依附著集體的狀態又慢慢恢復到獨立個體了。

其實青少年要變成有自信的個體，基本上還是需要經過群體階段，也就是說他不敢一個人離家，而是要一群人離家。現在許多孩子出現所謂晚熟或怕自己失敗的問題，或多或少都跟失去這種形成群體關係的同儕有關，因為每個小孩都被關在家裡，與一票朋友混在一起的機會越來越少。過去父母真的不太有時間管孩子，所以是同儕一起長大，而且傳統社區中孩子們從小便是玩伴，一起玩也一起進入學校，降低了對學校的陌生與害怕。可是現在同儕在一起的時間很少，甚至我們還要為小孩刻意創造同儕的經驗，比方說昂貴的夏令營，可是這樣的同儕經驗很短暫，沒辦法帶著他完全離開家庭，並讓他在憑藉著一起行動的力量進入社會之後，有能力慢慢地敢一個人置身社會——進入社會是需要這個過程的。

現在孩子們的成長經驗也跟我們有許多不同。我記得我以前不管是在台北還是在鄉下念書，總是走路上下學，因為我初中的時候還很瘦小，搭公車根本拉不到吊環，車子很擠的時候也擠不進去，乾脆就走路算了。而每次走路總會想走不同的路線，對很多人來說，放學的時候走不同的路、做一點小小的冒險，是一個很愉快的經驗。回想起來，其實在這個過程裡面，自己增加了很多能力，敢探索，敢面對不確定，敢去追求，甚至會忍不住想要繞更大圈一點，但現在的孩子已經失去這種小小冒險的機會了。

這種種社會的轉變造成父母不安、家庭不安，而孩子們則因為焦慮的父母給予的愛而失去成長的機會，進而演變成失去力量的生命。這就讓我們不禁要思考，是否現代父母比較不成熟？其實父母的不安是可以理解的，因為親職能力雖然看起來似乎是父母理所當然具備的，但回想起來，過去的父母其實有家族力量在支撐，並不是獨力在帶小孩的。前面說過以前的父母常打小孩，但小孩不致被打死，因為如果打得太厲害，左鄰右舍就會出來勸阻，或者家族也會出來干涉，等於整個社會在一同看顧小孩。我們甚至可以說，以前當父母是很簡單的，從母親懷孕起，三姑六婆就開始傳授各方面的注意事項，現在則是買一堆書來讀，但究竟要遵循哪一套說法，卻拿不了準，就擔心萬一選錯了方法，貽害孩子，自責一輩子。

父母可以犯錯，但家應是永遠的安全基地

傳統社會其實有一種很強的包容力，能照顧好當中的每個人，當這種包容力消失之後，才開始有親職教育這種呼籲。西方是在二次大戰之後開始出現親職教育書籍，台灣則是傳統家族瓦解以後開始問世。然而，要達到那些親職教育書籍所說的成熟的父母，前提是父母必須是成熟的個人。但我們自問自己夠不夠成熟？恐怕即使五、六十歲的人依然會有一半自認不夠成熟。難道我們要等成熟了才去當父母嗎？那麼人類恐怕要絕種了。事實上父母從來不可能成熟。

社會變化越來越快，使問題更加複雜。以往我們的成就常常高過父母，我們藉此肯定自己，但步入已開發社會的現在，已經到達一個高原期，現在的孩子很難藉由超越父母的成就來肯定自己，因此他們不願繼承父母衣缽，因為他再怎麼努力也頂多與父母的成就齊平，所以他寧可改換不同於父母事業的行業。

面對前述種種難題，該如何因應、解決？人本主義心理學家佛洛姆（Erich Fromm）認為，面對整個人類存在的問題時，一個能夠令人滿意的回答就是「愛」，要用「愛」來回答所有的問題，這是人類正向的力量。溫尼考特（Donald Winnicott）則認為人類正向的力量，在於維持真實的自我，只有這個真實自我才能夠創造，才能感受到真正的感覺；他還說，一個成熟的人敢於在他人的懷中孤獨，因為通常你會在他的懷中，就表示你們之間非常親密，相處愉快，而對方允許你孤獨，你也信任自己真的有能力孤獨，這是一個很高的信任階段。

直白地說，我們要做夠好的、可以犯錯的父母、助人作者或老師；對於在孩子身上發生的新事物，我們要有能力去欣賞，不要因為這是我們不曾有過的經驗，就感到害怕；對於外在社會不熟悉、不確定的狀態，我們還是可以去信任。但回過來講，我們永遠都要讓家成為孩子的安全基地，今天不管他們怎麼闖禍、幾點回來，迎接他們的都會是安全的所在，而不是回來遭受羞辱。我們有時候一著急，常會脫口而出：「好啊，你離開就不要回來！」「你幹嘛要回來！」這事實上只會讓孩子更不願意回家而已。我們也要鼓勵孩子去探索，不管是內在心情或外在世界。如果你身為父母、老師，請永遠要讓自己快樂，而且要熱愛生命，父母不快樂，孩子也不會快樂的。把自己照顧好，你才會快樂，當你快樂而熱愛生命時，不管你怎麼帶小孩，他都會快樂而熱愛生命。身教終究比言教有影響力。

王浩威

高雄醫學院（現高雄醫學大學）醫學系畢業，曾為台大醫院、和信醫院及慈濟醫院精神部主治醫師。現為專任心理治療師、台大醫院精神部兼任主治醫師、華人心理治療研究發展基金會董事兼執行長、心靈工坊文化公司發行人。著有《獻給雨季的歌》、《在自戀與憂鬱間飛行》、《海岸浮現》、《與自己和好》、《憂鬱的醫生，想飛》、《台灣查甫人》、《我的青春，施工中》、《生命的12堂情緒課》、《好父母是後天學來的》、《晚熟世代》等書。

第二篇

學校、家庭、青少年

——如何與孩子溝通？

孩子的青春歲月裡，父母、老師、青少年，這三方關係既相互支持，也相互拉扯。

該如何有效與孩子互動呢？

02 愛與管教不衝突

荷爾蒙作用下，
孩子的身體、心理狀態都大不同了！
你抓到孩子的心了嗎？

文／吳佑佑

人的一生中，有許多的關係是我們在乎的，像是夫妻、手足、家族、師生、同事、朋友等。我剛開始跟我先生交往的時候，我先生說兄弟是手足、女人是衣服，很清楚地告訴我他內心關係的先後次序，那是年輕時的話語；當然，經過多年，我已經很清楚地讓他知道，我這件衣服是脫不掉的，我已經侵蝕到他的皮膚內，脫掉會付出代價。

在這麼多的關係中，往往我們最在乎的，是我們與子女的關係。在兒童、青少年的精神醫學上，狀況常是複雜的，孩子可能患有注意力不足過動症、亞斯伯格症、自閉症、焦慮症、憂鬱症……，家長也可能有個人及家庭困擾。許多時候，因為家長管教技巧不足，或對孩子發展階段的特質不夠了解，而讓親子關係緊張，我對自己職業生涯的期許，就是要將親職教育規劃在內，與年輕的父母親分享如何教養小孩。

青少年的發展是一個嚴肅的議題，青春期在人生中是一個特殊的階段，是一個次文化，而我們每個人都曾經歷過。不是每個人在青少年時期都有困難，實際上大部分的青少年是很平安地長大，而我們每一個成人也都曾經做過青少年。

青少年期，英文裡說「teenage」，指從十三到十九歲，但在華人文化裡，青少年時期比較長，華人文化下，父母支付子女高等教育的學費，成年子女仍與父母同住，對已婚子女的家庭仍會給予協助，這在我們的文化裡普遍被接受，甚至被鼓勵。當討論青少年的特質時，時空背景、每一個文化的獨特性都要一起考量，而在相同的社會情境中，每一個人的發展也有個別差異，有自己個人的速度。

青少年期的生理挑戰

青春期是荷爾蒙突飛猛進的發展階段，孩子會開始長青春痘、身高一下子就長高，第二性徵慢慢發展出來。研究指出，對青少年而言，第二性徵出現的較早或是較晚都可能造成心理壓力。對女孩子而言，胸部開始發育時會擔心別人注意，她們必須適應這件事。對男孩子來說，身高較晚長高會是一個壓力，到了國中時期，被高個子同學輕易將手搭在肩膀或頭上的感覺是不舒服的，男孩子很擔心自己長不高。青少年的心情受到荷爾蒙影響，女性因為月經，持續受荷爾蒙變化影響大。荷爾蒙會直接影響心情，在醫學上，對月經前情緒起伏與身體不適的情形，稱為經前症候群。

荷爾蒙本身就帶給青少年不安定的感覺，這不只是女孩子的問題，男孩也一樣。青春期的孩子可以為一顆青春痘在鏡子前面擠個二十分鐘，非常在意外貌；比較愛漂亮的，每天上學之前梳頭髮梳很久還出不了門。這只是外表的問題而已。但青少年每天需要去在乎的事情多且複雜，生理上的改變只是青少年必須面對的第一個挑戰。

研究指出，台灣十二到十八歲的小朋友，有百分之一的孩子為了要減重而經常不吃東西，但也有百分之一到三的孩子是常會在短時間之內大量進食，可是又怕胖，就吃了再想辦法把食物吐出來或吃瀉藥排掉，也可能去做過量的運動以消耗掉體內的熱量。如果孩子即使體重過輕仍持續減重，或出現其他生理的改變，譬如沒有月經，這就可能是飲食疾病，需由專業人員協助。正常健康的孩子，也可能不用正常健康的方法照顧自己。青春期是生理成長的階段，但很多青少年都沒有好好地吃東西。另一極端的問題就是過重，世界各地都有這個問題，台灣也是一樣。

除了飲食問題之外，還有運動量過少的問題。國內報告指出台灣男孩有百分之六．一到百分之十六．七，女孩百分之六．二到百分之十五．四運動量明顯過少。若以各國體育課時數比較，台灣中學生每週運動時間九十分鐘，跟世界各地比較，日本一百分鐘、韓國一百二十至一百八十分鐘、美國以康乃爾州為例，為一百二十分鐘、法國兩百五十分鐘、德國一百二十至一百四十分鐘，他們的運動量明顯比我們多。

二〇一二年台灣六歲半到十八歲半的兒童、青少年，體重超出中值的百分之一百二十者，男孩約百分之十．六至百分之二十二．八，女孩也有百分之十至百分之十八．四。當然，體態是重要的，胖也不一定不好，很多是價值觀的問題，過度強調體態也不對。但是，當在桃園機場最醒目的地方放置的是整形外科的招牌，試問我們傳達出去的訊息是什麼？青春期少男少女每天都必須面對前述的生理層面的問題。

青少年的心理挑戰

第二個大挑戰是心理層面的成長。幼兒時期，每個人都覺得自己的爸媽什麼都能做，簡直是厲害到不行，不是嗎？國小的時候，除了父母，你也覺得老師很厲害，多少人曾經寫過作文將來是要做「老師」。兒童時期我們崇拜老師、崇拜權威，但到了青春期之後，則常常為反對而反對，對權威過度批判，對自我認知也過度膨脹。許多國中的孩子，常常私下說學校、老師的不是，年輕老師也常會受到家長的影響。我常跟青少年說，拜託他們饒過老師們吧，一個家庭兩個大人，應付一、兩個青春期的孩子就已經頭昏腦脹，一個國中老師每天要面對三十幾個小魔鬼，不是嗎？可以想像嗎？每天要跟三十個國中生生活在一起，更恐怖的是三十個小魔鬼背後常常都不只有兩個老妖怪。所以我跟他們說「拜託你饒了你的老師」，但是，青少年期就是一個挑戰權威的年齡，對老師所代表的權威非常有意見。

就心理成長面，進入青春期，就是進入一個對過去的認同瓦解，但對未來卻不確定，也還找不到方向時期。過去他很清楚知道爸爸是誰、媽媽是誰、自己將來要做什麼，可是到了青春期之後，就會開始質疑：我爸爸究竟是不是對的？我媽媽究竟是不是講的都是真的？我老師究竟怎樣怎樣……。

我自己其實有一個滿受壓抑的兒童期。我是四年級生，身為家庭中第三個女兒，我相信我父母親更期待我是兒子。我常想為什麼我會成為一位精神科醫師，絕對是從小被訓練出察言觀色的能力，這是家中排行三女的生存之道。還好我父母親是幫我們姊妹取名為「倍倍」、「信信」、「佑佑」，而沒有叫我「招弟」，或著是「滿」——就是「夠了」的意思。

我母親雖然是小兒科醫師，但她從來不誠實跟我說我是從哪裡來的。她會說是垃圾桶撿來的，或著是跟桃太郎一樣是個順著河水漂下的桃子裡的小嬰兒。早期的身分證上要登記血型，大部分人在國小畢業要申請身分證之前會去驗血型。我爸爸A型、我媽媽A型、我大姐A型，我二姐也A型的，我媽那時候為了省事所以帶我跟小我兩歲的弟弟一起去驗，我弟也是A型，我終於知道我不是他們家的小孩了——我是O型。那時候還沒念生物啊！我並不知道A型跟A型可能會生出O型，我終於了解到為什麼在這個家裡，我的衣服、玩具都是姐姐們穿過、用過的，而弟弟的多半是全新的，因為他是男孩。因為我是O型的，我不是他們家的小孩。這種對自己的身分的懷疑，是許多青春期的孩子會面對到的。這與父母所給的愛沒有直接關係，因為，進入青春期心理成長的功課之一，就是重新建立認同，對過去所認識的事物開始有不同的想法。

如果有一個好的親子關係，孩子可以跟大人討論；如果親子關係不是那麼親密時，很多時候就無法直接討論，就會有很多迷惑。青春期的孩子，每一個都有著不同的迷惑，影響著他們的價值跟認知。

當然，性別及性向上的認同也是課題。當出現疑惑時，如果有大人在旁協助成長，有人可以討論，是非常好、非常可喜的事；相反地，若青少年必須自己消化吸收這些疑惑，就滿辛苦的。

這時候，青少年往往會找同伴討論，或上網找答案，但所得的訊息並不一定正確，因此成人的協助非常必要。面對過往認同與價值觀的瓦解，青少年會重新整理出新的價值觀，但要一點時間。孩子會主動內化新的認同，學習尊重別人、尊重自己，學習什麼叫做責任跟義務，學習不是只要「我」喜歡有什麼不可以——很多事情是可以的，但需要知道自己的限制。這是需要時間培養的能力。這時父母有責任與義務去協助孩子成長，建立良好、溝通順暢的親子關係，陪伴孩子度過青春期的混亂。

不只是情感、身體的成長，青少年期還面臨認知上的改變。認知上的改變可以用國小和國中數學科的差異去理解。國小的數學強調運算、體積、面積等，較容易被理解，而國中進入代數、函數，都是非常抽象的概念。青春期之後，邏輯思考會比較好，現實感也會比較強，可是青少年常過度理想化而忽略實際面的問題，這都是成年人要去協助的。

我曾經帶過一個受虐的青春期孩子，她因需被保護離開原生家庭，但在機構生活適應上也有問題。因此，她自行離開，為了生活去做雛妓，而後被送往婦職所，在進入婦職所前，她已懷孕。我與她討論要如何迎接這個新生命，她當時想得很簡單，「我們約好，出去以後要租一個房子，我們要去找工作，大家輪流照顧這個小孩。」那小女生當時只有十五、六歲，任何做父母的人都知道，照顧一個小孩哪有那麼簡單。可是對青少年而言，很多現實面的細節無法考慮周全，這部分的成長也是需要時間，以養成理性思考能力，建立符合現實的觀念或目標。

青少年的表達常是強烈的，缺少彈性，像是：「我這輩子只有一次十四歲生日，我一定要去跟他一起慶祝」。事實上，每一個生日都是生命中的唯一一次，不論是十五歲、十六歲、或是五十七歲。可是對青少年來講，這就是很大的事情，我常常覺得他們那個情緒的表達，可稱為「戲劇化的國王與王后」（drama queen or king），非常會演，演很大，這就是青少年。

青少年過度誇大看待問題的方式，會帶給他們困擾。當他們碰到困難時會放大問題，就像是拿一個物品貼著眼睛，完全遮住了視線。我會問孩子，當你眼前視線完全被物品貼著、眼睛遮住時，你看得到什麼？應該是遠處的東西都看不到，擋在眼前的障礙物也因距離太近而看不清楚。因此，面對困難時，這種過度誇張的方式會讓他們看不清楚問題，也看不到未來和解決問題的其他可能性。我在臨床上常跟孩子講，現在這件事情對你而言真的很嚴重，真的是很大一件事情，可是請你不要把問題貼在眼前看，因為這樣的近距離讓你看不清楚，你也看不到其他事物，看不到這個事件與外在環境之間的相對關係是什麼。我會建議他們把問題稍微拉遠一點，好看清楚究竟自己面對的是什麼。另一方面，當你看得清楚，不光只是看得清楚這個物品，而且看得清楚這個物品跟旁邊的相對關係。時間、環境或換個思考方式，代表著我們與物品之間的距離已經拉開，就如同目前面對的問題一樣，當距離拉遠，就不再那麼嚴重了。

在我們的人生中，每件事情都會烙下印記，靜下來去想，會發現它們或許已被打包整理好，放在個人腦海的深處，不再影響我們太多。所以，我們會讓這些不好的記憶、經驗，隨著時間慢慢變成只是在房子角落的一個小東西，你會看到它在你的視線裡，可是不會影響生活。所以，在幫這些戲劇化的國王與皇后處理情緒時，要教他們用不同的角度分析事情，讓時間陪伴他們成長，把事情拉遠一點看，看得更清楚些，這是青少年必須要挑戰的課題。

體諒孩子主控權上的弱勢

另一個青少年須要去挑戰是：我是誰？我究竟認同什麼？自我價值是什麼？同儕之間的關係是什麼？

譬如林書豪帶給台灣社會震撼，但我從另個角度去看，會覺得因為他是在美國出生的華人小孩。那邊的文化讓亞裔美國人有重新建立認同的機會，我個人認為這非常好，而這是我們的文化比較不能夠體會的。

還有一個青少年要面對的，是社會價值觀——他的社會適應。環境非常複雜，家長們都怎麼看待自己家裡的青少年？如果能選擇一個人生階段重過一次，有多少人願意選擇國中階段？應該滿少的。如果家長都不願意去經歷那個階段，怎麼能夠要求現在正在經歷這段辛苦生活的孩子太多，是不是？我們中學那段時間，其實是真的是不太愉快，而我們的孩子現在正在面對的就是這樣的一個生活，他們很辛苦啊！

如果我是老師，某天不巧忘記準備教材，我可以讓學生看電影，或是把我的某一些舊教材拿出來應付一下；可是如果我是青少年，今天心情很糟糕，我可不可以跟老師說，老師今天不要考試了，我們來看電影？

孩子的主控權相對是被降低的，但哪一個人不喜歡擁有主控權？所以當你跟學生或小孩吵架時，可說是權力的鬥爭。大部分時候是我們大人贏啦！老師說要考試學生說不要，最後還是照老師的意思，不是嗎？相反地，孩子心情不好，則是「對不起，趕快把心情收一收，繼續考試」。

主控權都是在大人手上，這個時候，孩子可能生氣說「好討厭噢！」而家長卻還要他不許摔書包、不許摔本子，但我們大人都已經贏了啊！不是嗎？為什麼不讓他發洩一下情緒？他生氣，你跟他說你現在不可以看電視；孩子不爽，把門「碰」摔一下，然後到房間去做他該做的事情，父母親卻常常在這個時候不放過他：「你給我回來，你剛剛那是什麼態度，你給我重新再走一遍……」

我女兒國小的時候，我就喜歡到學校去當愛心媽媽。因為學精神醫學，所以我有時候會運用一點點專業。有一次我跟小朋友討論「你怎麼看你自己」，我請他們寫出自己三大優點，你會發現，小朋友寫不出來。這很悲哀，是大人要檢討。有時候，你問小朋友你乖不乖，他會回說不乖，你問他你為什麼不乖？他會說因為功課不好。

功課不好絕對不是乖與不乖的標準，對不對？乖與不乖是指他有沒有欺負人、打架、有沒有吐別人口水、故意整別人，絕對不是一個成就。可是我們的文化很難不以學習成就去定義小孩的好與壞，這是大人必須調整的。所以，很多青少年學習成就比較低，他在社會適應上的困難度就提高。

雖然一樣處於青春期，但其實每個孩子個別差異很大，環境因素也在加劇差異，家庭、同伴、學校、社區、鄰居都有重要影響力，網路的影響也是非常大。例如3C是很好的東西，可是一旦成癮就很麻煩。每次家長問我該怎麼做才能讓孩子不打電動玩具時，大多時候討論的都是怎麼幫孩子設定玩電動玩具的時間，但這絕對不是治本的方法。你一定要讓孩子有其他事情做，而不是叫他不要打電動，因為電動玩具真的很好玩。

另外，在精神科，我們發現大家容易忽略的一件事就是台灣青少年的自殺率逐年在增加。雖然醫界有自殺防治網，但台灣媒體有時候真應該負點責任。我們一位老師做了個研究，發現在二〇〇五年倪敏然自殺事件前後台灣的自殺率確實增加，這恐怕跟媒體渲染有關。

要讓孩子長得健全，實際上應要求孩子去多做那麼一點點回饋他人的事情，而不是只有顧自己，這是從小要教的。如果他有課外活動可以參與，就讓他去參與，如前所述，不能光是限制孩子打電動玩具的時間，而是要找事情給他去做，他就會得到好的教育。好的教育並不是要孩子念建中、北一女，而是要讓他在學習上面得到快樂的感覺，不一定是要一百分。大家真的要好好的去思考，因為這跟孩子能否建立好的自我價值觀有關。

常有家長跟我說，我的孩子很沒有自信。但試問，他每做一件事情你就開始罵他，他怎能有自信？尤其是很多過動症的孩子。過動症的孩子睜開眼睛他就要動，他就是好動啊！不會因為被罵而改變。例如我有高血壓，你天天罵我：「你幹嘛血壓高啊！」你越罵我血壓越高，不可能因為你罵我血壓就下降，對不對？所以，當孩子有特別的個人困難時，「罵」絕對不是處理的方法，你一定要去做其他的思考，幫他建立正向的自我價值非常重要。

世上有完美父母？

最後談談做父母。父母絕對是一個非常重要的一個職業，但以我自己來講，我今天這個工作，必須要念醫學院、考上醫師執照、拿到醫師證書，然後接受住院醫師訓練、成人精神科訓練、兒童精神科醫師訓練，再去考到成人精神科醫生執照、兒童精神科醫生執照，才能稱得上是一個精神科醫師。可是要當父母，只要會生小孩就行了。但當父母實際上是要學習的，這是一個非常困難的工作。

什麼叫做完美的父母？有些網路資料說，完美的父母就是要懂得給予正向的回饋，但基本上這很不容易。父母要有同理心，懂得傾聽，要了解青少年很多行為的本質，譬如孩子可能跟你說：「媽媽你這個菜煮的真難吃」，他可能真正的意思是「媽媽我還是很愛你，因為你辛苦幫我煮飯」，可是他絕對不會這樣講，他會講「媽媽你的菜很難吃」。換句話說，很多時候不要只看青少年的語言的表象。譬如他說：「我十點才要回家，我不要九點回家」，他要告訴你的可能是，爸媽請你看看我，我已經長大了。

我在幾年前寫了一篇文章，寫我媽媽。我媽媽基本上認為自己什麼都是對的，那其實是非常令人挫折的一件事。在我的成長經驗中，我只要跟媽媽說我想做某件事，她就告訴我這件事情這樣做會有什麼的後果，完全沒有討論過程。於是我就發脾氣，但這時她又會告訴我，不聽老人言，吃虧在眼前。她不這樣講我可能還會多想一下，但因為她講了，我就偏偏要做，然後真的做了就錯，就更生氣。所以，持續鼓勵、允許孩子犯錯，其實是父母滿需要學習的課題。

也有人說，完美父母要懂得與孩子互相尊重，這也不容易。我每次都跟小孩講，你的尿布都是我幫你從小換到大的，我為什麼要尊重你？我為什麼要尊重你的身體？我為什麼要尊重你的空間？實際上互相尊重是非常需要學習的課題，要給他很多不同的刺激、要教會他變成一個可靠的人，而且要懂得為自己的選擇去負責任，這真的都是很難的功課。

我們允許孩子用自己的時間去成長，但很多時候我們都急死了，皇帝不急急死太監。我女兒最厲害的本事，就是她要看兩點的電影，卻一點五十還在家裡，作媽媽的就會很抓狂。可是這就是她，你擔心她趕不上電影，趕不上電影你生氣，她也很挫折，可是有時候你要讓她用自己的方式去成長，如果一直催催催，到最後出問題，責任有可能都變成是我們的。

陪伴孩子面對犯錯

我一位同事的父親寄給我一份投影片，裡頭介紹一系列專業攝影師必須配備的工具，包括多個不同焦段的鏡頭及攝影機，還說明為了好的畫面，攝影師必須等待、冒險、假裝、不計個人姿勢與形象等等。我一直在想，他企圖告訴我什麼？我想答案就是「專業」，我們在學任何專業或執行專業工作時，都是付出了許多學習代價才能做得好。那麼當執行「父母親」這個專業工作時，我們是否付了學費、時間去學習？是否像專業攝影師一樣，為了把工作做好，投資了昂貴的器材？

我們在做父母的時候，確實都付出了很多，讓自己變成全能。孩子要什麼，你馬上變給他——要髮夾馬上變出髮夾，要梳子馬上變出梳子。她要跟你拿什麼，你要馬上從包包裡拿出來，真是無所不能，什麼東西通通都要帶在身上。很多時候，做父母的不太在乎自己在執行父母這個工作時表情是否優雅，比方孩子的大便再怎麼臭，閉著氣也得幫他擦，也許心中還充滿了喜悅，「寶寶今天排便順暢身體健康」。很多時候父母親忽視自己真正的感受，為了孩子做許多的調整及配合，處理孩子的物品時戰戰兢兢，就像攝影師保護鏡頭，每一個都要確保安全。有時攝影師為了取得好的畫面，必須假裝成環境中的一部分，以免驚動了鏡頭中的動物，還要懂得等待，這何嘗不是我們對待孩子成長的方式？我同事的父親一定是要提醒我們為人父母者，專業精神很重要，沒有人在面對新考驗時不會害怕或犯錯，因此要懂得尋求資源，與他人討論，必要時尋求專業的協助。

管教的定義是什麼？對我個人而言，管教的目的是希望教會孩子分辨事情、做選擇、學習負責且樂在其中。成長過程中孩子一定會做一些決定，是父母不完全認同的，這當然也發生在我的孩子身上。我跟他討論，表達對他的選擇有不同的想法，孩子就說：「從小你教我要做決定，從小你教我要為自己負責，那我對現在所做的決定感到很高興，你應該也為我感到高興。」這講起來也對，很多時候親子雙方會有不同的價值觀，這發生在我們與孩子之間，也絕對曾經發生在我們與父母之間。我的孩子很衝動，他小時曾犯錯不敢說，怕被我們發現。我很清楚知道他不願意說的理由，他怕我生氣會罵他，怕我認為他是不乖的、不好的，更重要的是他不希望面對犯錯的自己。

但我相信，人一定會犯錯。我希望孩子犯錯的時候可以勇敢面對，學習負責處理，懂得判斷停損點。而在這學習過程中，我的陪伴與協助將會非常重要，我希望能夠和他一起面對困難，而這必須建立在良好的親子關係之下。

我從孩子小時候就教他必須負責任、去做決定，可是等到他做的決定跟我期待的不同時，我是否真的可以尊重他的選擇，欣賞那個令他快樂的決定？因此，要教導孩子以負責的態度面對自己的決定，要相信他自有判斷能力，如果錯了沒關係，又有誰不是從錯誤中學習的呢？

在管教中，鼓勵、稱讚、讓孩子經歷正向成功經驗，給予物質與精神的鼓勵等都很重要，但同時我也相信處罰（不是體罰）。孩子一定會犯錯，所以我們一定會處罰他。舉一個我孩子的經驗：他因為搶不贏玩具，就咬他姊姊，我們同理他搶不到玩具的挫折，但咬人的行為實在是太糟糕了，所以必須接受處罰，罰他幾天不可以喝飲料。在他接受處罰的那幾天，姊姊對他說：「你不能喝飲料對不對？」，然後咕嚕咕嚕咕嚕在他面前喝飲料，而他必須承受。

執行處罰之前，一定還有許多其他方法能幫助孩子建立好的行為。務必先釐清孩子為什麼犯錯。每個孩子的發展不一樣，每個人的特質都不同，但好行為與壞行為的界定絕對是從小開始，譬如規律的生活、小挫折忍受力、主動配合的能力等等。一個心理健康的孩子，懂得約束自己的行為，對人有禮貌。有些孩子天生氣質內向，不敢直視他人眼睛，不敢與他人打招呼，這是他天性所致，不是不禮貌；故意對著人吐口水，這才是不禮貌。被稱讚的孩子也會比較快樂。如果孩子在外面一直帶給別人困擾，他不會比較快樂，因此，以好行為與他人互動是必須學習的。

我們在做心理治療時常常問，父親讓你最難忘的一件事是什麼？母親讓你最難忘的一件事是什麼？那如果身為父母，你希望將來孩子記得你什麼？

有時我們會碰到不適任的家長，我也會跟孩子討論。我們真的沒辦法改變父母想法，就像我也沒辦法改變自己的父母，我沒辦法改變他們的特質、處理事情的方式，也沒有辦法改變過去。可是，我們可以從自己父母親身上學習，以他們做不對的地方為借鏡。我們都不希望將來被孩子記得的，是不愉快的經驗，所以我會希望，家長練習用這樣的方式去看待親子關係。我們從自己父母身上學習，把他們的優點留下來，避免重複他們的缺點，如此一來，我們絕對會是好的父母。

我常常覺得，所謂完美的教養都是建構在——我們剛剛從頭到尾沒講的這個字——「愛」的環境之下，有溫柔的堅持，有合理的要求。做父母親你是每天的工作，因此你絕對要樂在其中，如果你不喜歡你的工作，記得找專業人員求助。

吳佑佑

吳醫師常常跟拒學孩子說：「你可以放棄學校，但不可以放棄自己。」也常常跟家長說：「你可以放棄孩子不回學校，可是你不能放棄孩子。」因為沒有上學不代表沒有人生。現為宇寧身心診所院長、林口長庚醫院兒童心智科兼任主治醫師、台北市立大學心理與諮商學係兼任助理教授，專長為兒童精神醫學。一年多前，吳醫師出版了《我不是不想上學》一書，希望幫助孩子們把情緒問題的戰場拉長一點，讓家長不致因為短期困擾而失望，或是認定孩子沒有未來、沒有希望。畢竟，人生的戰場比求學的戰場要長太多了。

03 預見家的幸福

耳提面命，三催四請，
孩子就聽話了嗎？
停下重複無效的方法，
傾聽孩子吧！

文／黃心怡

青少年諮商輔導工作的困難處，基本上在於百分之九十五的自我感受良好的案主都不是自願前來的，即便他已經坐在諮商室裡，他還是不明白為何要找他談。很多孩子會說，你不用跟我談，跟我媽談就好了，我媽改變就全家得救。這就是青少年工作複雜的所在，你碰到的是一個不想探索自己的人。再加上現今的父母常常對孩子照顧得無微不至，替孩子打點得相當周到，以致這個世代的孩子的生命經驗一直處在不虞匱乏的狀況裡，不需為自己花什麼心思，沒有必要去努力，沒有機會反思，常常掛在嘴上的一句話是：「都是別人的錯，不是我的錯。」

這個世代的孩子也比我們更有界限的觀念，他們認為，不是我的，你不能夠推在我身上。很多青少年為什麼不倒家裡的垃圾？他說，我們一家四口，一袋垃圾裡我也只占四分之一，為什麼要我倒？某位校長曾在一次研習中分享，他傍晚有時會在校園內四處巡視，有一次打掃時間他行經某地，看到那裡有一處髒汙，剛好旁邊有一位小朋友在掃地，便請他順便清理，沒想到那位小朋友很認真地對校長說，我打掃的地方只到這裡，那個不是我的部分。

界限涇渭分明的背後，其實帶著一種自我中心的態度。有一位媽媽在孩子小時花費許多時間認真賺錢，現在孩子國中了，她思索著是否應該辭去工作，在家好好陪伴孩子，於是我詢問她的孩子對此有何看法。孩子說，黃老師你一定要讓我媽繼續工作，我問為什麼，他說媽媽沒工作的話就慘了；哪裡慘了？「她就會一直盯著我。」我本來以為只有這樣，沒想到他繼續說：「而且她如果沒有工作，我們家的生活水準品質一定會下降。」青少年想要過好日子，所以爸爸事業成功的孩子，百分之九十九不願向爸爸看齊，因為他們覺得太苦了，不願走這麼吃苦的路線。

最近有一項華人地區的家庭研究，認為我們這個世代的父母身在一個很尷尬的處境，因為這個世代的父母是最後一個會孝順自己父母的世代，卻是第一個被自己孩子拋棄的世代。所以在面對青少年議題的時候，除了討論父母要投入親子關係之外，近幾年我開始在談一個概念，就是父母在投入之餘，也一定要有退場的想法。

什麼是退場？孩子到了一定年齡的時候，你不單單是要放手，還要去思考是否不能再把孩子的生活擺在你生命的重心。我有時會去參加一些大學的新生座談或家長座談，意外地發現很多家長在座談中提出的問題，跟高中家長提的一樣，例如：要不要讓孩子住宿？孩子在宿舍很晚睡該怎麼辦？也曾看過，家長帶孩子去看新生宿舍時，第一件事就是幫孩子把廁所打掃乾淨。

這些父母都很能吃苦，但是假如把吃苦當成愛來付出，是很危險的。現在的孩子並不認同阿信式的父母，他反而奇怪你幹嘛把自己弄得這麼苦，所以我鼓勵父母在親子關係裡面要有你的主體性，要讓孩子意識到你，而不要一直無謂地犧牲，因為一直犧牲會讓很多孩子覺得你太苦了，想離你遠一點。

愛要有道理，也要有分寸

願意學習如何經營親子關係的父母，多半是很認真的父母，這樣的父母其實不需要再學習更多的教養技巧，重要的應該是如何讓自己成為有覺知的父母。什麼是有覺知的父母？就是你在很努力愛孩子的時候，你對於自己在說什麼、做什麼，都有所覺知，而不是盲目地為了愛他，覺得什麼事都可以做。

現在的青少年很難談話，你問他喜歡我們學校嗎？「還好。」哪一科你比較喜歡？「都差不多。」那你跟你媽的關係呢？「也還可以。」跟你爸爸呢？「不熟。」那老師下禮拜再找你來談話好不好？「隨便。」想談什麼？「都可以。」這種小孩看起來也不像是非自願性案主，但他是不投入的案主。現在的父母面對青少年最難的，是孩子不講話。常見的情況是，父母一看到孩子放學回來了，馬上噓寒問暖，連珠炮似地問：肚子餓嗎？今天好不好？學校裡有什麼事情？想當年我們小時候爸媽會對我們這樣嗎？搞不好他們還不一定知道你回家了。在現今的狀況裡可以看到一個父母緊追著孩子的特別現象——孩子一回來，父母迎面便：「寶貝你今天開心嗎？」沒有回答；父母第二句隨即補上：「你今天很累是不是？」沒有回答；你第三句再更深入：「你要不要吃點什麼？」沒有回答；你再待繼續追擊，孩子搞不好金口一開劈頭便是：「你閉嘴，可不可以離我遠一點，讓我安靜一下。」

其實現在孩子都非常煩躁，他需要一點轉換的空間，所以我鼓勵青少年的父母，孩子回家時絕對不要靠近他，頂多跟他打個招呼，不要招惹他，以免自己變成受氣包，當你成了受氣包的時候，你的孩子就不會尊重你，他會認為是你自找的，因為如同剛剛提到的，他們的界限非常分明。

我跟很多會對父母動手推擠或大小聲的孩子談過話，這些孩子嚴格來講都不是不好的孩子，可是他跟父母的關係很緊張、很有壓力，常常是媽媽逼問他些什麼事，他不想講，激烈爭執之下便動手推擠父母或吼父母。這些孩子常常跟我講的一句話是：「黃老師，麻煩你跟我爸媽談，告訴他們，當我跟他們彼此劍拔弩張的時候，請他們趕快離開，不要待在我前面讓我出手打他們。」依照我們的邏輯來看，會說你身為孩子不應該打父母，但他們的想法卻是父母應該自己趕快離開；這就是青少年的邏輯。他們說，我沒有真的要打他們，也沒有真的要跟他們衝突，可是你知道我媽每次跟我四目相對的時候，瞪著我的那個樣子，而且一邊說：「打啊！你敢，你打啊！」——媽媽最喜歡說這種話，於是孩子整個就收束不住了。

兩個關鍵：良好關係，情緒疏通

面對青少年的議題，有兩個很重要的概念，一是沒有良好關係就談不上管理，二是情緒紓通了，大部分問題也就紓通了。一個孩子一旦出了任何狀況，不管是有情緒困擾、行為問題或是人際問題，他的家庭如果有一個穩固的基礎，孩子康復的能力相對而言多半都很好；可是假如那個家是很疏離的，或是很沒有溫度的，那麼那條康復的路就會很漫長。所以，我們可以從家庭關係的角度，好好思考如何創造對孩子有正面影響力的關係。對青少年來講，如果他跟父母的關係不好，其實他不會有很大的動機想要有所改變，因此能夠成功的案例，原則只有一個，就是：父母的改變比孩子更大，因為親子關係不好的時候，比較無法承受的多半是父母。親子之間的戰爭沒有贏家，原因便是在此。

有一對母子，我跟他們談了好一陣子，媽媽是個女強人，能力非常好；能力好的人有一個最大的特質就是求好心切，所以很急躁，但她兒子卻是個慢郎中。我跟他們談到後來，兒子對我說不用再談了，要我跟他媽媽談就好了：「你跟我媽講，只要她不要每次一看到我就大小聲對我咆哮，我一定會自動自發念書。」我就跟媽媽談，媽媽跟我說：「黃老師，麻煩你跟我兒子再談一次。」我問要談什麼，她說：「你跟他講，只要他自動自發念書，我今天就不再大小聲了。」親子之間不是有很多這樣的問題？回到剛剛提的，要成為有覺知的父母，可以先來探究我們的囉嗦跟嘮叨。

我常鼓勵父母將自己面對不同孩子所講的話整理出來，看看自己最常講的一句話是什麼；或者，回想一下，家裡話最多的人是不是自己，為什麼會話最多？當你自己是話最多的那個人時，你或許會發現說很多話很傷神，而且越來越傷神，為什麼？因為你覺得對方沒有聽到你說的話，所以你就囉嗦又嘮叨起來。囉嗦跟嘮叨就是這樣產生的，沒有人天生就囉嗦嘮叨。所謂有覺知的父母，意思便是你要有停下來的智慧，允許你自己慢一點。

父母最常講的一句話其實是「快一點」：快一點洗手，快一點吃飯，快一點睡覺，快一點這樣、快一點那樣……，但你有沒有察覺到，當你常常對孩子說快一點，其實往往是你們家最慢？在這裡要去思考的問題是，孩子在十二到十八歲的時候，正是他們在建構自我的階段，父母在跟孩子的互動中，對他產生的影響是什麼？孩子自我價值的建構，不是你說他很棒，他就變得很棒，他是藉由跟周遭很多大人的互動中，經驗到別人怎麼看待他，慢慢、慢慢變成他怎麼樣看待自己，所以我們說的話很重要。假如你常常對孩子說你脾氣很差，講了十幾年之後，這孩子的脾氣要變好是很難的，他對自己的認識就是「我是一個脾氣差的人」。

停下重複無效的方法

所以我常鼓勵父母不要再說「快一點」這句話，很多父母就會問：可是我不講，他就會快嗎？我的經驗是，你不講他不會就變快，可是你不講，在親子互動裡面會形成一個很重要的價值——創造出不同的互動。因為改變是很難的，別說是青少年了，即使我們成人要改變也都不是輕而易舉的事，所以與其要求做出什麼重大改變，不如創造不同的親子互動；當你創造出不同的互動，便是提供家庭一個機會去引發新的可能性，這是很重要的。許多父母前來尋求專業協助的時候，都是希望孩子能改變，其實我覺得父母應該回過頭來，把思緒放在自己身上，想一想你有沒有能力去停下現有的無效方法？

親子之間的衝突，往往是父母太執著於毫無效用的方法，不肯放棄，或是沒有隨著孩子年齡長大而改變教養方式；十七歲孩子所需要的照顧，跟七歲孩子所需要的是截然不同的。然而時下可以看到許多「大小孩」，年紀已經很大了，父母卻依然照顧得面面俱到。有一個女孩要來跟我談她的兩性關係，卻巴著她媽媽一定也要進入會談室，我心裡暗想：都十八歲了，要談兩性關係，怎麼還把媽媽拉得那麼緊？於是我對她說，你願不願意試著自己談，我不會對你做出危險的事的，但她還是硬要媽媽進來。有趣的是，這女孩要談她跟她男朋友的關係，自己卻不講，要她媽媽講。我問你跟男朋友認識多久，她就指指媽媽，媽媽就回答認識多久；你們都怎麼相處？她又指指媽媽。就這樣，從頭到尾都是媽媽在講話，她完全不吭聲。後來她大概覺得我沒有威脅她，所以第二次願意單獨跟我會談，她說想要知道在媽媽眼中她跟男朋友的關係是什麼；她說跟媽媽非常親密，兩人好到沒有距離——媽媽活成女兒，女兒活成媽媽，兩人彷彿腸子相通似的。這其實是很危險的。

當別人的小孩都不跟父母靠近的時候，自己的孩子還能跟自己像腸子相通似的那般親密，某些時候父母是很開心的，但是很多身心症都是這樣引發的。孩子長大後跟父母有一定的界線，是非常重要的。跟父母親太親近的孩子，一個最大的問題是他對父母會放心不下，將大部分的時間跟精力用在陪伴父母，而忘了去過他該過的年輕人生活。但在這個世代裡，我們常會看到這種親子關係不太有距離的狀況，所以有時候去創造一些不同，就變得非常重要。

創造不同不是什麼高深的技巧，只是停下原有的無效方式。譬如你經常催促孩子動作快，你能在看到他的時候停下，不去催他嗎？有一位焦慮非常深的太太來跟我談了三次，焦慮很深的人最大的問題是，所有的事他都想控制得嚴嚴密密的，可是偏偏就是什麼都控制不了，所以非常痛苦。談到後來，我對她說，你那麼痛苦，卻還是好像沒辦法停下來，那麼我也很難跟你一起思考出新的方法；她就說，既然如此，那好吧，我就練習看看停下原有的方式來試一試。

那天回家之後，她正在煮飯時，兒子放學回來，書包一扔，就斜躺在客廳沙發，她那個火就照例上來了；按照以往，她原本會催兒子說快一點洗手、快一點去寫作業，但她想今天要做點不一樣，就不跟兒子講話，但是心頭那把火就越來越旺、越來越旺。她後來跟我說，中風大概就這個過程，她那個怒氣簡直就快嚥不下去，一直強忍著。而孩子呢？看到媽媽都沒說話，就繼續斜躺著，媽媽則一邊生氣一邊繼續煮飯。後來老公回來了，襪子一脫就隨便亂扔，她就火又上來，但她仍然記得今天一定要練習不同，所以強忍住，依然什麼話也沒說。可是大人畢竟比較敏銳，她老公就跑到廚房問她：「老婆啊，你今天不太舒服嗎？」她只簡單回答說沒有，然後繼續安靜煮飯。

以前她的習慣是，飯快要煮好的時候，就開始在廚房大吼：趕快去洗手！趕快擺碗筷！趕快怎樣怎樣！但那天她什麼都沒講，很安靜地把菜擺在餐桌上，也沒有催他們趕快來吃，就安靜地吃完飯，安靜地把碗盤收拾到廚房去。兒子吃完飯二話不說又把屁股往沙發一放，開始看他的電視，她又開始怒氣上衝，但是依然忍住沒講什麼。後來她跟我描述時，她說很奇怪，那天大概七點半左右，她依然什麼也沒說，但她兒子自己把電視關掉，進自己房間去。我問她，她以前每天那樣三催四請的，兒子大概幾點會進他自己房間？她說大概七點十分就會被她趕進房間，於是我問她說，假如多給兒子這二十分鐘，但卻可以讓兒子自己對於時間能夠有所感覺，這樣值不值得？

為什麼現在的青少年沒辦法當自己的主人，就是因為媽媽太能幹了，孩子所有的時間都是媽媽在掌控，哪一天要補習，孩子自己都搞不清楚，都是媽媽幫他記得時間，這樣孩子當然就不必自己花心思。後來那個兒子跟我個別談話，問我說他媽媽有來找我嗎？我說怎麼了？他說，我們家現在晚上都有一種殺氣，怪怪的。這就是「創造不同」，「不同」

其實沒有什麼很複雜的東西，只是去停下原有的無效方法而已。

其實一個家自身是有療癒能力的，資源都在家庭裡，不在心理師的創意裡，只是很多辛苦、求好心切的父母沒有看到自己其實有能力罷了。

真實的父母才能讓孩子學到寶貴經驗

除了成為有覺知的父母之外，我也鼓勵大家成為「真實的父母」，這意思是說，父母不必怕衝突，因為你有修復關係的能力。當一個真實的父母很重要，因為孩子可以從不完美而真實的父母身上學到很多；太完美無瑕的父母，反而無法讓孩子從他們身上獲得經驗，孩子只會覺得奇怪：我明明看到你在生氣，你卻說你沒生氣，好像你永遠都在說與事實相反的事情。不完美而真實的對待，才能讓孩子學習到寶貴的人生經驗。

許多人可能會有個經驗，尤其是女性，就是當了父母之後才更加了解什麼叫情緒失控。假如你是老師，你還未婚的時候一定常覺得媽媽們情緒太多了，怎知自己當了媽媽以後竟也變成這樣？為什麼會情緒失控？因為愛，因為你太希望發生在孩子身上的都是對孩子有好處的。我們一定要對情緒失控有所察覺，首先你要評估自己情緒失控的頻率，如果

一個禮拜失控五次，就太過量了；假如一個月裡可能有一次，我覺得還算可以。

發生情緒失控的時候，不論爸爸或媽媽，都需要一點情緒調節，很重要的是要先離開現場。不要太相信事情一定要在當下解決，要求當下解決常常會把雙方都逼急，無濟於事。所以假如你覺得自己的情緒快要上來了，如果你家附近有公園或小學，可以先出去走走再回來，或是回到自己的房間，讓彼此都有降溫的機會。有些小孩較好戰，媽媽跑到房間裡，他會追著過去，一副不善罷甘休的模樣，所以當你要離開現場的時候，可以跟孩子說我們兩人都需要先靜一靜；或是你選擇避到房間時，如果孩子人高馬大讓你覺得有威脅感的話，你可以鎖上房門，並且告訴他：鎖上門是為了保護我們倆的關係，因為我不希望你打我、我打你，這不是我們真正想要的狀況。

另外，許多父母可能覺得自己失控或犯錯的時候，應該趕快道歉。可是我越來越相信，在你的情緒還未疏通的情況下，不要道歉。曾經有很多青少年跟我說，他們覺得自己的父母好像精神分裂，才剛吵完架，下一秒媽媽卻過來抱抱我說：「我愛你的，你知道的，很抱歉我不該這樣做。」可是呢？道完歉，隔天又舊戲重演；到後來他覺得他媽媽的道歉很廉價，彷彿要趕快貼上OK繃，完全不去看那個傷口是什麼。我實在不鼓勵父母這樣勉強去道歉，其實那不是真道歉，只是很害怕，覺得自己像闖了大禍一樣。但是，你要有信心，孩子是你養大的，孩子自有他生命的韌性，即使一個晚上沒有跟他修復關係，等隔天你覺得情緒疏通一點了，有機會再向孩子道歉，都比勉強道歉好一些。道歉切勿流於形式，一旦流於形式就彷彿想要趕快把事情掩蓋起來，很有效率的爸爸媽媽有時候連道歉都太有效率，反而缺乏真實感。

跟孩子發生衝突、爭執之後不要太快處理的另一個原因，在於孩子也需要把事情放在心裡想一想，想想自己剛剛跟父母這樣大小聲，分際在哪裡。每個人都有自己的份，但現在的親子關係裡，往往是父母太認份，而孩子不認份。要讓孩子體認到自己的分際，一個原則就是父母不要太快、太急著要處理親子之間的衝突，當你這樣做的時候，孩子在衝突中所產生的任何焦慮和不安的感覺就被你很快處理掉，他就沒有機會去反思了。

除了針對當下發生的爭執道歉之外，有時父母因為年輕時較容易失控，對當時年幼的孩子有比較不當的對待，而必須對此時已經長大的孩子表示道歉。或者，有些孩子認為父母對弟妹比較偏心，因為他以前若出現跟弟妹同樣的行為，鐵定討來一頓好打，但父母卻對弟妹的相同行為視若無睹，這種情形會造成手足不睦，於是就會看到哥哥趁父母不在的時候，很認真地「教育」弟妹。出現這樣的狀況時，一定要跟孩子修復關係。假設孩子五歲的時候，你比較常情緒失控，對他又打又罵，現在你要跟他修復關係，可以用同理他當時心情的方式對他說：你那個時候才五歲，媽媽對你那麼大聲，你一定很害怕，覺得媽媽好像變成另一個可怕的媽媽了；你那個時候一定很緊張，因為那個時候只有媽媽跟你，沒有人可以救你。用這樣的方式去同理孩子當時的狀態，對孩子而言非常重要，因為他感覺你了解他當時的心情。媽媽千萬不要說，因為那時媽媽還沒有聽過親子關係的演講，所以不知道如何對待你；這樣說的話，孩子很容易覺得為什麼倒楣的是我，不是弟弟妹妹？

修復關係主要在於，父母跟孩子談過去曾對孩子做過的不當對待，讓孩子對於當年的遭受有機會好好說出來。有時父母會發現，孩子會放大早期的創傷。就曾有一個孩子對我說他爸爸相當殘暴，在他還穿著尿布的年紀用皮帶打他，爸爸很錯愕，說自己沒有這樣做過，父子為此激烈爭吵起來。我覺得，重要的不是事件本身，重要的是那個情緒經驗，那樣的情緒經驗會怎樣在孩子的生命中發酵。有時孩子的問題其實不在當下的狀況，而是過去的某個情緒經驗一直在發酵而對他產生影響，所以針對孩子早期的不良經驗修復關係，相當重要。

傾聽

當今的父母除了讓自己成為有覺知且真實的父母之外，「傾聽」也是必備的重要能力。我個人認為，傾聽的能力比給孩子建議的能力更加重要。可以這樣比喻：你丟球給我，我有沒有去接。你可以回想一下，你們家庭的互動中有人丟球嗎？丟出來的球有人接嗎？我有一次跟一家四口做家庭會談，提到家庭的溝通就像丟球，會談快結束的時候，家中的青少年高一生說，我們家最大的問題我看懂了，我問你看懂了什麼？他說，我們家最大的問題，是每個人都愛丟球，但每個人都不撿對方的球，所以一個晚上下來我們家地上滿地都是球。他媽媽聽了非常難過，她自認是很認真盡責的媽媽，所有該做的事都做了，對家人的飲食健康也非常講究，但此時她才了解，原來孩子最需要的是媽媽有精神聽他講話，原來聽孩子說話這麼重要。

前面提到，面對青少年議題最重要的概念之一，是情緒紓通之後，大部分問題也就紓通了。所以父母可以好好思考一下，自己的孩子情緒紓通嗎？前陣子大家都很關心青少年自傷或自殺的議題，其實要做出自殘、跳樓等等行為，對一個孩子來說並不容易，在做出這些行為之前，他們共同都會經歷過一個經驗，那個經驗叫「無望」。什麼是無望？就是：我不相信有人聽懂我在說什麼，沒有用。一旦出現這種想法，孩子就很容易做出傷害自己的行為。許多父母對層出不窮的社會新聞看得膽戰心驚，擔憂自己的孩子會不會也出現同樣的狀況。其實，只要你家庭裡彼此之間的關係能讓孩子在有困難的時候願意跟你說一說，他的情緒能夠獲得疏通，很多時候便能化解許多危機。

有時父母會覺得，孩子什麼都不說，自己根本也無法可施。其實孩子未必不願說，而是覺得說了也沒有用，或者說了會引來父母激烈的反應，反而給自己增添情緒壓力。青少年很擅長迴避壓力，他們會認為多一事不如少一事，所以這時對他們而言不要讓父母知道才是最好的。所以，從傾聽衍伸出去的概念就是：你們的家庭關係是可以允許孩子說真話的嗎？是否能讓他即使講出一些不好的事，也不用擔心會引發父母不良的反應？

遇到孩子不講的情況，你一定要去創造機會，也就是要找到孩子願意傾吐的人，不論是學校老師或叔伯姑姨、表哥表姊，任何人都可以，只要有個人可以跟他講講，很多問題都不再是問題。

尊重孩子是一個獨立的個體，也非常重要。許多父母會詢問，可不可以去看孩子的Line？可不可以加他？這些並沒有絕對的可或不可，除非父母在其中能自得其樂，否則我並不鼓勵父母玩這種諜對諜的遊戲，其實大人在這種遊戲中注定是輸家，一方面父母對於3C產品或網路的操作能力絕對比不上孩子，你在其中動了什麼手腳，孩子一清二楚；另一方面父母畢竟隱藏不了自己的身段，光從講話的用語、口頭禪甚至傳達的訊息用意，馬腳就已經洩漏了，就曾有青少年跟我說，不管他父母變換什麼身分在他臉書留言，他都看得出來，因為「留言很長的就是爸爸媽媽」。

其實孩子到了國中、高中，不能再用管理的方式去對待他們，管理是用在小學階段的孩子身上，因為這個階段的孩子仍然將父母視為他世界的中心，在這個時候父母以身作則，看在孩子眼裡無形中便成為家規，或是從小讓他協助洗碗之類的家事，他會有自己是家庭一份子的感覺。所以大部分的生活秩序、待人接物的禮貌以及品格教育等，都在小學階段就已經奠定基礎了，等到國中才要來匡正或建立其實很難，因為這個年紀的孩子不給管的。在國中高中的階段，重要的應該是引領他們去開發生命中各種的可能性。

父母要有退場機制

任何關係裡，分際是很重要的，因此父母在親子關係中也必須建立「退場」的機制。這個退場的意思，是指孩子到了青春期的時候，父母慢慢要讓孩子知道：我竭盡所能提供你，是因為我很愛你，可是當你對我的態度很糟的時候，我依然還是愛你，但我會選擇把一部分的愛慢慢收回來，因為我也要練習愛我自己。這個角度很重要，可以讓孩子明白父母對他好是有限度的，孩子才有機會知道應該尊重爸爸媽媽。如果父母覺得只要孩子書念得好，即使在家行為囂張也可以忍著，這種心態很危險，因為如果他只是課業壓力大就可以對父母隨便，那麼他對外面其他人也會這樣隨便。

隨著孩子年齡漸長，可以慢慢讓孩子了解，他也必須付出努力才能獲得父母提供的資源。譬如帶孩子出去旅行，可以要求孩子也負責安排旅行中的某些事項，而不是事事都由父母來安排；或者打包行李、幫忙提重物等等比較小的事項，可以訓練孩子處理。與其孩子沒有能力在將來獨立，倒不如在他成長歷程中就訓練他自理生活，並且在這樣的過程中激發他對生命的熱忱。

現在常看到的現象，是許多孩子擁有豐厚的資源，四處旅行、留學等經驗讓他們的眼界具有一定的高度，但常常因為這樣而無法放下身段，不願做一些吃苦的工作，或者覺得某些工作不稱頭所以不願做，不願付出努力，只幻想畢業之後馬上平步青雲。然而，他們日後要面對的世界很廣闊，評估的標準已經不是你書念得多好，而是你有沒有實際的能力，能不能建立良好的人際關係。而跟人能夠建立良好關係的孩子，有一個最大的特質，就是他知道怎麼往前，但他也知道在關係裡何時要讓一讓；這些道理都是在實際的相處中學習而來的，不盡然都是父母能夠幫忙打點出來的。

以下收錄幾則演講時與家長的問答，幫助大家更認識與青春期孩子相處時實際面對的問題。

問：青少年講話不知分寸，不見刀不見血就不過癮，傷人傷己怎麼辦？

答：青少年的確會覺得大家都是這樣講話，別人覺得受傷是他自己的問題，是他適應不好。不過我們可以去觀察，他這樣的行為有沒有去分辨，這意思是說當他跟這群人在一起的時候，他會這樣講話，但當他回到家跟家人講話時，或是在其他的社群關係理，他是否會收斂這種講話方式？假如他有這樣分辨的話，我覺得就不會是大問題。可是假如他沒有分辨，到哪講話都帶刀帶槍的，那麼他在人際關係一定某個部分會出現一些狀況，因為他會不小心傷了很多關係而不自覺。當他對於這樣講話而失去人際關係感到困擾的時候，或許是因為這樣講話而在兩性關係裡傷了對方，破壞了關係；只要他出現了困擾，就會是他改變的契機。基本上，這種行為達到最高峰的時期是在國中階段，因為國中有許多部分還會延續小學生的幼稚，所以會覺得這樣很有趣，到了高中多半認知的發展成熟一些，分辨能力大概都會好一些。

問：孩子做事都喜歡談報酬，有代價才願意幫忙，怎麼辦？

答：我覺得這是一種生活態度的問題。父母常常都是以獎勵的方式來鼓勵孩子的行為，譬如我一個學生期末考考了前三名，我說你應該很高興吧，進步那麼多，他卻說，黃老師，我虧大了。我說為什麼，他說因為我這次考試之前沒有先跟我媽講好。給予獎勵，往往就會變成這樣，孩子會覺得他的所有正向行為都要有回饋，衍伸到家庭以外，就會變成像剛剛這位老師提的：我幫你有什麼好處？所以我建議父母，當孩子要求獎勵的時候，你的反應應該是導向孩子得到成果的過程，而不是跟孩子談那個結果很棒，讓孩子去看到他在那個過程的努力，這才是他值得開心的所在，而不是結果。如果一直強調結果，孩子就找不到努力的動機。

現在小學老師常常給學生貼紙表示鼓勵，或收集點數可以換獎品之類的，外在整個環境也都在製造這樣的獎勵行為，但你就可以看到，有些孩子並不在意老師那些貼紙或點數，或是他覺得那樣收集太慢，乾脆送給同學。這其中反映出來的是，孩子對於自己的努力，在「努力」這件事上，他如何看待他自己。

另外，我也非常鼓勵父母有機會帶孩子去從事一些公益活動，因為在這些公益活動中沒有物質上的回饋，但卻可以獲得無形的、更滿足的收穫，譬如去為獨居老人送個飯，當他看到獨居老人的反應，他心中所感受到的會遠比老師給予的任何獎勵還要有份量。

老師在班級管理上，碰到這樣要有獎勵才肯幫忙的學生，不必指責，而是忽略，轉而將事情交付給自動自發願意幫忙的學生，這樣一來你一方面給予自動自發的學生正增強，提高這個自動自發的學生身上的正面能力，一方面你並沒有處罰那位索求獎勵的學生，但他會看到人家可以這樣做。或許不是每個孩子都能被帶動起來，但是在班上營造出這樣的氛圍，是老師可以做的事。

問：孩子跟我說，說他會去學校，叫我不要管，不要跟我講那麼多成績的事。所以我就不再去催促他……希望「創造不同」，可是在這過程中，我們是否要有一些什麼樣的警覺或觀察？

答：孩子叫父母不要管我功課、不要怎樣怎樣，我一定會鼓勵父母先去了解他不要你管、不要你問的原因是什麼，而不是就按照書上教的，對孩子說：「好，我相信你。」可是卻相信得很茫然。再來就是，你要跟他訂下期限。當你跟青少年訂下任何規則的時候，都一定要有明確的範圍，不能太籠統。他要你不要管、不要問，那麼應該多久之後檢討成效？一般來講，新訂定的規則我建議兩個禮拜是最好的時間點，因為一來青少年都很不耐煩，二來拖得太久的話，你們定的規則可能會出現動搖，因為周遭的變數很難掌控。有彈性的規則很容易變成無效的規則。所以你可以跟孩子訂下規則，說我們先試試兩個禮拜，兩個禮拜之後再來檢討情況，看是否需要調整規則。這樣比較可行，因為你要有操作感，不然青少年很容易放空，就像先前提過的，因為他們很擅長迴避壓力。

問：我發現旁人或許覺得我的孩子沒有匱乏，但從孩子口中表達出來的心思，他認為自己是有匱乏的，而我某種程度上也覺得他說的並沒有錯……

答：生命中有點匱乏，才比較真實，不是嗎？因為父母的工作本來就不是要提供孩子一個完美的東西。當孩子羨慕別的小孩有什麼東西的時候，不要只是拒絕他，你可以回應他說：可是你有什麼什麼，但那個孩子沒有。也就是要讓孩子看到他所擁有的，譬如你花很多時間陪他，但別的小孩的爸爸媽媽忙得要命，根本沒空陪他；這就是你有但他沒有的。讓孩子看到這樣的差異。

問：遇到孩子在兩性交往上的狀況，該怎麼應對？

答：這個世代的孩子有太多接觸異性的機會，而最危險狀況就是，一個女生跟一個男生在交往，全世界都沒有人知道。祕密關係是最危險的，因為在祕密關係裡會有很多性的經驗，性的冒險啦、性的挑戰啦……等等，因為兩個人都是第一次的話，很多方面都是糊里糊塗的，而且青少年在性的議題上普遍有一個焦慮，就是：我的發育有沒有跟大部分的人一樣？他們多半不會跟父母討論這樣的焦慮。孩子到了一個年齡，不會願意去問父母說我這樣發育正不正常。因為他們普遍都有這樣的焦慮，所以青少年在兩性行為裡會有一個典型的狀況，就是他們的行為會出現模仿：因為不知道自己這樣的行為是不是正常，所以最保險的做法就是模仿電視劇中的情節，譬如電視劇裡這時候男生應該帶女生去哪裡，或者女生應該怎樣反應等等。他們並不是故意要採取那些行為，只是希望能符合對方的期待。

如果你有機會成為孩子的愛情軍師的話，那當然最好。愛情軍師的意思不是說你提供孩子很多建議，而是他會問你一些意見，這時父母的反應很重要，因為很多孩子說，我媽媽以前一直說要當我的愛情軍師，那天我很高興地跟她說我交了一個男朋友，沒想到我媽那個臉色……讓我覺得我好像犯了很大的錯事。萬一你很難跟孩子談這個，你要去創造機會，讓孩子周圍可以有人跟他談這方面的事。因為他們年紀還小，很想知道什麼才是正確，所以有時青少年會假借別人的名義跟媽媽說，我們班有個班對，小張跟小花在交往喔；你覺得小花那個時候應該跟他講什麼？小張應該怎樣？女生應該怎樣？媽媽就覺得奇怪孩子為何一直問小張小花的事，我就跟這個媽媽說，那應該是你兒子交女朋友了。建議父母這時不要拆穿孩子，繼續給「他同學」建議。

父母常常會擔心，孩子有男、女朋友自己都是最後一個知道的，或是等到出了問題才知道，所以總希望能早點發現孩子是不正在跟誰交往，但又不能去偷看孩子的日記或Line。這就要回到先前提到的，這個家允許講真話嗎？也就是我們的親子關係裡是可以交談的嗎？是可以提一些事的嗎？如果孩子硬是不想讓父母知道的話，那麼你可以問問跟孩子比較親近的人或親戚。理論上，一個孩子交了異性朋友之後，多半跟孩子比較親近的那個親戚都會知道，因為孩子其實很想找人談論這個議題。在我的經驗裡，有高達九成的孩子在個別諮商裡，都會跟我談兩性的議題，你就知道他們太想有個大人能跟他們討論這個話題了。

如果孩子已經告訴你他有了交往的對象，父母最好也能跟對方打個照面，你可以提議大家一起吃個飯或怎樣，讓彼此有機會見個面。見到面會比不見面好，因為彼此見過面之後，很多東西就都變成在檯面上了，這是兩性議題裡最重要的原則，你要想盡辦法讓所有東西都變成在檯面上，因為檯面下的風險都會比較大。

問：很多人都建議父母親對於教養兩人應該要同步，為什麼？媽媽與爸爸各自從自己的原生家庭中獲得能力，兩人經驗原本就不同，父母應該要怎樣做到同步？

答：基本上對於教養，爸爸媽媽很少是一樣的，因為我覺得性別本身的差異就很大。其實真正會有影響的，不是父母有差異，而是父母因為差異而發生爭執，這才會對孩子造成影響。因為當父母為此爭吵的時候，孩子夾在中間其實很困惑，他覺得你們都很愛我，可是你們卻為了我而好像誓不兩立。

在談到夫妻之間對於教養的態度上，有一個前提，就是夫妻關係如何。夫妻關係假如本身就處在對立的狀況，在教養上就很難合作，因為這時教養往往成為夫妻關係的第二個戰場，就是一方會在教養上卯足了勁來證明自己是對的。然而家庭戰爭沒有贏家，就在於此。如果你們真的愛孩子，那麼即使夫妻關係已經淡了，也應該為了孩子練習彼此合作；能不能合作，比態度是否一致更重要。並不是要兩人相愛才能教好孩子，有時候夫妻已經離異了，兩人之間只剩下父母的角色，這時兩人如果能分辨清楚父母的角色，才能對孩子真正有所幫助。不然有的時候孩子的問題會遲遲無法有進展，因為他看到已經分開的父母會為了他的問題而頻繁見面討論，便可能覺得自己的問題能夠讓父母兩人繼續維繫關係。

所以首先要先評估一下夫妻關係，當夫妻到了一定年齡，彼此的關係可能比較不是相不相愛，而是情義，或是到了中年的時候有沒有機會重新認識對方，因為隨著時空的改變，人在婚姻裡的關係也會改變。有時候太太會比先生更記得一些怨怒，這其實跟兩性大腦的結構差異有關，並非女性刻意喜歡記恨。假如你的伴侶心中的怨怒比較多，這時你不應爭辯，只需同理對方；想想對方這麼長久懷著怨怒過日子，的確是很受苦的。不去否定對方是很重要的，先同意對方有怨跟苦，然後才比較可以就事論事，問對方能否在這樣的狀況下繼續討論孩子管教的問題。

個案故事：

我的孩子現在大三升大四，我們覺得他有需要向專業求助，但是他不肯。我是單親媽媽，先生三年前病逝，我察覺自己有一些狀況，所以曾尋求過協助。我兒子讓我擔心的是，他在大學不參加社團也不交朋友，我一直在想是否跟我先生有關，因為我先生在兒子九歲的時候出國工作，每三個月才回來一次，十二年來一直如此，直到他病逝為止。我一直覺得這孩子可能需要有父親陪伴，他也常常說為什麼爸爸就這樣走了。台灣發生鄭捷捷運隨機殺人的事件，我曾跟孩子討論，我發覺他很同理鄭捷的心境，但我完全不曉得他在想什麼，他從高中起就不跟我對話了，所以滿擔心的，卻覺得愛莫能助，不知能做些什麼。大概在他高中的時候，我曾經找過諮商師幫忙他，但他說，我為什麼要對一個陌生人講我的事？他完全封閉起來。

回應：

其實我們周遭有很多這樣的孩子，就是在成長的過程中錯過很多東西，卻又已經沒辦法把他當成小孩子來處理了。我覺得從你的敘述中聽到的是一個遺憾跟失落——爸爸走了，來不及跟爸爸有更多的互動。這個遺憾跟失落是很沉重的東西，我覺得可以找一個專業人員，讓你們母子有機會一起看看這個遺憾跟失落。

至於他排斥跟陌生人講自己的事，不是只有他會有這種態度，所以我都會跟那些非自願來會談的孩子說，你又不認識我，要跟一個陌生人講話不太容易對不對？這是需要一些勇氣的。有些父母會覺得要趕快將所有的東西都講出來，這其實是違反人性的，因為他不認識我，我不能要他一來就什麼都講出來；看到人就什麼都講，可能是另一種問題。

你可以在他拒絕的時候，表示同意他的態度：對，要跟陌生人談的確很難。然後你可以以自己看過心理師的經驗，告訴他一開始你也只講些容易說出口的事，藉此先看看這個心理師了不了解，再決定要不要講更深入的事。除了這樣幫他做心理準備之外，也去找找在孩子周圍有沒有可以對孩子有影響力的人。我的個案有些便不是父母帶過來的，而是父母請學校老師，可能是英文老師或美術老師，幫忙把孩子帶來。第一次得這樣勉強安排，但如果孩子覺得這個心理師沒有威脅他，或他感覺還不錯，第二次就不需再麻煩老師陪同了。

要創造出這樣的機會，可能性不會完全沒有的，因為一個人單獨活在自己的世界是很苦很苦的，年輕人的孤單跟中年人的孤單不太一樣的，年輕人不知如何讓自己開心，永遠是很大的問題，他在這樣的年紀裡失去對生命的熱忱，其實是很悲哀的，而且那種孤單同年齡的人都很難了解。當你要為兒子安排專業人員的時候，一定要選擇對這個主題有經驗的心理師，因為萬一這次的經驗讓他覺得挫敗的話，下一次就更難再要求他出來，他就非常容易覺得這世上沒有人了解他；孤單的人最嚴重的狀況就是會放大問題，當他的無望被放大的時候，他就可能覺得什麼可能性都沒有了。

黃心怡

諮商心理師，一位真心看懂青少年並能貼近父母心的資深心理師。近年來在學校、心理衛生單位積極推展親子、家庭會談。曾任中華心理衛生協會秘書長與理事、台北市政府特聘諮商心理師、北市各級學校教師輔導知能研習專業訓練督導、講師等。經常在《聯合報》與《張老師月刊》專欄執筆，目前執業於懷仁全人發展中心。著有《父母心 玻璃心》、《非常青少年》、《是我叛逆？還是你古板！》、《青少年非常心事》、《青少年非常心事2：我的孩子變了！》、《預見家的幸福》、《孩子，我學著愛你，也愛自己：成長型父母的34堂課》等書。

04 青春期的孩子與更年期的爸媽

文／劉姿君

父母都沒發現一個祕密：
其實孩子是「外國人」。
孩子的話要先「翻譯」，
溝通才會順暢。

落跑的輔導教師

當年師範大學剛畢業時，我被分發到有著一百個班級、四千五百位孩子的國中教書，經歷輔導室人手不足，青少年問題重重，輔導成效無法立竿見影，師生對輔導室認同度低，滿腔熱血、赤誠付出但完全沒成就感等種種困難，令我覺得青少年的輔導工作真是無比困難！實習一年後決定落跑，但是我又很喜歡諮商工作，怎麼辦呢？我決定賠公費去念

研究所，這輩子再也不做青春期的輔導工作了！拿到碩士學位後，我沒進入校園教書，而是跑去諮商機構，步上接個案、帶領成長團體這條路。

二十幾年前，沒有多少人選擇這種生涯路線，但那時候好開心自己終於找到真心喜歡的事情了。個案與團體成員覺得我的工作對她們有幫助，我也覺得自己的工作很有意義，又有成就感，雙方都很滿意。當時我的成人個案問題大概分為兩類：兩性與家庭溝通（夫妻、親子），以及職場的人際溝通與生涯規劃。工作幾年下來，累積了一些心得，找到個案問題共通的癥結點，與個案的交流越來越得心應手，但內心卻有著難過的情緒圍繞不去：為什麼要到問題這麼嚴重、這麼糾結才開始處理？有沒有辦法讓個案更早開始改變，少付一點代價，讓生命少受點苦？

為了更有效率回答這個疑問，我思考種種可能性，最後找到了屬於我個人的答案。人生有許多階段性的變化，對個人與家庭衝擊甚大，但從我的專長領域，如果選擇以青少年與結婚前準新人這兩個階段為工作對象，提供輔導資源的話，將可以發揮最大效果，協助他們減少痛苦，日後生活較為平順；二者當中，青春期又比準新人更能有機會整合各方資源來幫忙個案。體認到青春期工作的重要性後，我便回歸青少年輔導工作。

回歸輔導CP值最高的階段：青春期

什麼時候需要找輔導老師或心理師，幫忙處理親子問題呢？孩子上大學以前，因為年紀與發展狀況的關係，儘管表面看起來是孩子狀況不斷，但其實爸媽的觀念與做法才是左右小孩改變的關鍵。可是爸媽一般都是在孩子狀況變很嚴重了，才意識到要找心理師，此時依照諮商心理師的角色，需要先跟孩子會談，建立信任度與默契，再設法把爸媽加進來會談以改變家庭互動，逐步解決沉積多時的問題；但如果是輔導老師，在學生狀況發生初期就有機會開始會談，並邀請導師及各科老師一起幫忙，不只如此，如果學生有需要，還可以邀請心理師、社工師、醫師，以及動員學校各處室的行政資源來幫助學生。我覺得這是學生在進入成人階段前，最後能得到整合性的資源協助解決問題的機會。進大學後，學生要學習獨立，練習自己找資源來解決問題，為自己負起責任，家長與老師是處於放手或半放手階段，再不會有這麼多資源主動服務。所以，青春期是孩子高飛前最後的補給站，也是家長與許多資源一起合作協助孩子成長的最終站。

呼籲家長們體認到：青春期發展對孩子的成長關係重大，家長要好好把握這個孩子高飛前的關鍵機會，克服親子間因種種因素所產生的溝通困難，多多運用學校或輔導機構等資源，吸收新訊息以更新教養方式，調整自己的步伐與想法，成為孩子最有力的後盾，為孩子加油打氣，讓他展翅高飛！

青春期vs更年期

處理青春期的親子問題，家長有時會出現無力感，因為家長處於體能開始衰退老化的更年期，上要照顧高堂父母，中要面對工作壓力，擔心中年資遣，下要教養身心變化劇烈、橫衝直撞的青少年子女；身處壓力繁重的中年危機期，對上力圖翻轉窠臼、創新向前的狂飆青少年，雙方很容易一言不合，擦槍走火便對嗆起來。那麼，青春期的親子溝通是否能找到更有智慧的處理方法，以避免衝突加劇呢？

其實，與青春期的孩子工作久了，找到溝通的門路之後，就會發現青春期的孩子大部分是很可愛，很願意跟師長溝通的。可是為什麼對許多青春期的親子來說，找到溝通的門路卻是困難重重而令人挫折呢？親子雙方看似使用相同的語言（國、台語）進行溝通，也彼此相愛，小學階段溝通無礙，儼然溫馨親情八點檔，孰料到了青春期卻是誤會重重，衝突不斷，變成「小孩ＰＫ爸媽」，為何？爸媽問我，學生也問我，我找到許多可能性的答案，結果某次上課時學生和我最喜歡的答案出現了。

那次上課的主題是我向學生介紹親子兩代不同的成長背景，講到隨著時代變遷，觀念也就跟著改變，我說道：「民國四十年左右，政府遷台，許多本省籍家長不願意子女嫁娶外省人，以免觀念無法溝通；到了民國七十年，省籍不是問題，家長開始叮嚀出國留學的子女，不要嫁娶外國人，以免觀念無法溝通；現在是民國一百年，千頌伊都準備要嫁給來自外星的都敏俊教授了，省籍與國籍不再是問題。時代演進，家長從外省人到外國人到外星人都要接受了。」學生大笑之後，開始熱烈討論如何增進親子溝通。經過討論，產生了一個玩笑式的比喻：「其實小孩是隱藏版的外國人，小時候先學會爸媽的語言，青春期後外國人本性漸漸顯露，雙方都沒發現這個祕密，誤以為親子是同一國的人，才會挫折叢生。」

之所以有這個比喻出現，是衡量青春期親子衝突的內容而來的，我發現，雙方內心的經驗累積與邏輯推理方式差異很大，溝通難度應該比照跨國文化交流處理，當我將自己定位成「翻譯機」的角色時，就能夠協助親子順暢溝通。結果學生與家長都覺得這個比喻很有用。家長覺得這個比喻提醒了他們：小孩本來就跟自己不同，是住在明日的世界的外國人，既然本質是外國人，就要讓他出去闖蕩，擔心太多沒用，更要提醒自己該放手了。學生則告訴我這個比喻提醒他們：學會父母的語言，好讓自己在父母教導的基礎上站穩，而「身為外國人」的他們應該根據自己的本性勇敢顯現自己與眾不同的特色，不一定要按照父母或傳統價值觀走。

把青春期孩子當成外國人來重新認識

許多家長覺得孩子到了青春期不聽話、叛逆，原本的乖孩子變壞了，因而焦慮傷心。青春期的確是一個重大的轉折點，在此之前，孩子接收父母的價值觀，沒有太多辨別與抗議的能力，但青春期以後，自我意識漸次茁壯，思辨與表達能力突飛猛進，以言語、打扮等種種猛烈的方式提醒家長們：「孩子原本就住在明日的世界，他們要預備起飛了。」以下是我處理親子衝突的工作心得，提供家長參考：

1. 接受代溝存在：

親子之間世代背景的差異造成溝通困難，這是不可磨滅的事實。親子衝突令人挫折，但也是相互了解、關係轉化的契機。

2. 跨越代溝：

試著把青春期孩子當成外國人來重新認識，了解差異，接受差異，從差異處找到進一步了解孩子的溝通點，以找到跨越代溝的方法。

深入認識世代背景差異的影響

雖然孩子是家長一手帶大的，家長對小孩參與的活動有一定程度的了解，但小孩在活動中所吸收的訊息量與內涵，卻與家長的理解不同，日積月累就會造成親子間的「文化差異」。

親子成長背景是價值觀與文化差異來源

如果以兒童期必看的卡通以及青春期孩子最愛的媒體偶像來比較，分析一下親子接收訊息的價值觀差異，接著再看當前青少年的學校生活型態，就比較可以明白親子間不同文化的腦袋是如何產生的了。

先以兒童期必看的卡通來說，五年級生經典的正義模範是《科學小飛俠》與《無敵鐵金剛》，以及經典不敗的科技友誼片《多啦A夢》；到了八年級生的年代，雖然正義之士的卡通仍存，多啦A夢的魅力也依舊不減，但少了勵志的《小甜甜》及《小英的故事》，增加了掙脫規矩的爆笑元素的《蠟筆小新》、《烏龍派出所》、小孩立大功的推理名片《名偵探柯南》，以及許多奇幻魔法卡通《神奇寶貝》、《庫洛魔法使》、《七龍珠》等等。整體來說，正義與溫馨路線依舊，減少了刻苦向上的勵志卡通，爆笑與神奇元素的幻想片則增加許多。

緊接其後的青春期，五年級生當年的「歌唱偶像」是規規矩矩的「龍的傳人」，或是永遠甜美清純的偶像女歌手；如果是偶像劇的男主角必定高大英俊，也許又帥又富，但女主角一定浪漫純情，愛情仍然重於麵包。而八年級生呢？歌唱偶像如周杰倫等人掙脫了規矩的束縛，不必完美，盡情發揮才華展現自我；而收視率最高的偶像劇，以《來自星星的你》為例，則是以無比的想像力，男主角推至塑造成宇宙無敵高、帥、富的形象，女主角不再純情、完美、浪漫，反而是經常出錯與擁有物質慾望。

整體說來，五年級生成長時的主流元素重視勤奮努力，規矩向上，純情唯美，但到了八年級生的成長年代，掙脫規矩、幻想創新、輕鬆愉快與物質慾望等元素則在成長時受到強調。這些差異形成了不同的自我呈現與人際互動文化，當然也塑造出親子兩代不同的價值觀排序。

也許五年級生家長在接觸八年級生的青少年時，一時無法接受孩子不夠規矩、不想努力、做人做事基本態度不佳等種種表現，不過「人性是共通的」，就算孩子一開始是以白目、沒有禮貌等方式與人互動，可是孩子內心對許多正向價值的相信，對愛的渴望，對人際的信任，其實都還是不變的，只要找到門路進入他們的內心世界，就會有機會與孩子溝通，協助他們漸次修正做人做事的基本態度而更加成熟。

提醒大家，下次看不慣小孩想要罵人的時候，你就回想一下當年自己與現在孩子成長過程腦袋被灌注的元素有何差異？不要被孩子外在的表現方式嚇到，要突破表象，以寬廣的心胸接納年輕一代的文化衝擊，客觀觀察自己與青少年在觀念上的差異，做為家長與未來世代溝通、邁向明日世界的基礎。

不管家長是否能體認到孩子始終是住在明日世界的族群，我鼓勵家長嘗試著將青春期的孩子當成「隱藏版的外國人」來看待與交流，拉開距離觀察新世代，好讓自己有客觀思考的空間；既然孩子是「隱藏版的外國人」，當然就不會事事跟父母有相同的看法與問題解決辦法，家長只是提供參考意見，但不要期待孩子一定要接納家長的建議並感謝家長的好意，自然而然先放手，將會減少親子意見拉扯與衝突，這也是家長逐漸接受小孩離家的預備歷程。

以孩子人格成熟度為目標，才能有效地陪伴孩子應對學校與外界的變動

有很多家長抱怨孩子上了高中後跟自己的關係越來越遠，問他在學校過得好不好，只會「嗯」一聲，要不然就是說「還好」，有時候多問兩句都嫌家長囉嗦，發生些什麼事都不說，令人十分挫折。其實現在的國高中生時間要分配給課業、課外活動以及人際交往，

十分忙碌，能跟家長溝通的時間變少，加上教育環境與教育政策每年轉變，屆屆不同，如果碰到有些問題要向家長解釋很久才能說明清楚，或是學生自己也搞不清楚狀況時，對家長的提問自然就含混以對。以高中生為例，週間白天要上學，傍晚要練體育或班級競賽活動，晚上要補習或與同學聊天，週末還有社團、班級活動，每學期各年級有啦啦隊、體育競賽、合唱、軍歌比賽等各種班級競賽要留校練習，暑假要參加營隊，忙呀！尤其現在臉書或 Line 等各種通訊軟體盛行，這些通訊軟體的功能就像家長當年以電話跟同學聊天、寫信加上小紙條以及布告欄的綜合版，具有強大的社交功能。

課業與課外活動是青少年學校生活的兩大主軸，就像人的兩條腿支撐他走過青春歲月，少了一條腿還可以行走，但少了兩條腿，日子就很難過。課業表現是孩子升學的基礎，課外活動所學得的人生經驗與人際技巧則是為人處事的基礎，大家都希望孩子的青春期能夠課業、課外兩得意，不過現實情況下未必皆能如願。在課業、課外無法兩全的情況下，大多數家長可能偏重青少年的課業，可是未必每位青少年都能從課業獲得成就感，對許多青少年來說，課外活動比課業更重要，因為課業有壓力，而課外活動有成就感，朋友是樂趣與紓壓的來源，如果沒有課外活動或好朋友，在學校的日子將會度日如年，那去學校幹嘛？

面對學校從課業到課外諸多活動，每個孩子因應方法不同。大多數的孩子選擇投入忙碌學校生活，生活複雜度變高，人際互動難度也提高，忙不過來時需要師長引導一下。不過也有少部分的孩子選擇清閒的日子，盡量減少活動，如果這類孩子能夠調適得宜，能找到好朋友與自己的目標，穩定地向前走，也是很好的方向。就怕孩子沒找到方向，一味沉迷網路遊戲，變成「宅神」，影響身體健康、課業與人際關係；遇到這類孩子，苦惱的家長要快快找導師和輔導老師討論對策。

進入青春期，關心孩子的家長當然想協助孩子好好規劃，善加利用寶貴的時光，不過，家長要介入孩子的時間管理與許多選擇時，若未妥善處理親子間價值觀排序的差異，就可能會引爆大大小小的衝突。青春期親子衝突常陷入「成績好壞」、「活動太多」、「浪費時間」、「不聽話」等主題拉扯不已，就長遠來看，不論課業或課外活動，對孩子的發展都很重要，但是，青春期孩子的情緒處理能力與人格成熟度才是青春期需要培養的關鍵能力，影響著孩子學校生活快樂與否，也是未來應對人生起伏的基礎。

如果孩子的人格成熟度高，就表示孩子具有正向積極的人生態度，了解自己，關懷並善待他人，即使課業成績不理想或活動、人際關際遇到挫折，也會想辦法面對；即使能力不足，處理的成效不佳，也都能夠吸取經驗，做為未來改善與前進的基礎——因為他走在對的方向上。把教養目標放在孩子的人格成熟度上，親子不僅可以跳脫課業或競賽成果影響親子關係的惡性循環，擁有更好品質的關係，增強孩子當前的生活適應能力，更為孩子面對未來人生逆境儲備應變能力、穩定步向人生成功奠下良好基礎。

找到孩子的心窗入口，靠近孩子進行交流

有的時候青少年拒絕跟師長溝通，是因為雙方沒有找到對的溝通入口。我很鼓勵家長找到孩子的心窗入口，增進對話交流的機會；能夠對話交流，也才有機會藉由種種的生活事例討論與引導，逐步增進孩子的人格成熟。光只是找到孩子的想法與家長不同之處，並不能拉近彼此的距離，找到差異處後，要能夠接納差異，肯定或欣賞差異，甚至學習對方與自己的不同處，才能夠真正拉近距離。這也就是前面提到的方法：試著把青春期孩子當成外國人來重新認識，以找到跨越代溝的方法。

孩子是來自不同文化的「外國人」這個比喻，其實就是承認孩子是個獨立的個體，擁有獨立的思想。家長如果能接受並允許孩子擁有與家長不同的獨立思想，就是靠近心窗的第一步。就如同與外國人溝通，我們要先找到一個出發點，讓彼此有共通的話題，這就是孩子的心窗入口，找到入口交流討論之後，協助孩子認識自己的特點，再根據他的特點找到欣賞的角度，將特點轉化成「優點」，進而肯定孩子的優點以建立他的自信，讓他珍視自己的優點。如果你能找到溝通點親近孩子，從溝通點找到特點，找到角度欣賞孩子的優點，相信你們會有很好的親子關係。很多時候我們找不到孩子的優點，是因為我們還停留

在自己的文化，被舊觀念所束縛，所以看不到孩子的優點，無法獲得家長賞識的孩子很難建立自信，也很難與家長有良好的關係。

要如何找到與孩子的溝通點呢？以下舉出兩個例子，說明學生如何在我和同事身上找到可以親近的特點，開啟了我們之間的交流；第三個例子則是說明我透過課程找到可以與學生親近的特點，打開雙方溝通之門。

第一個例子是「金色假髮」：有位活潑叛逆的學生第一次轉介來會談時十分抗拒，什麼話都不願意說，第二次來會談的時候，我挑了一頂金色挑染的假髮戴上，她一看到就說：哇，這是金色的頭髮嗎？老師你好酷喔！然後話匣子一開，從假髮到心事一股腦兒全與我分享。因為她覺得我的想法與她接近，她可以暢談真實的想法而不被我批評。

第二個「小吊飾的故事」，則是發生在我的同事身上。國高中輔導老師都會分配好輔導班級，負責學生的會談工作。有次某位學生因為境況特別，老師們決定讓她自由選擇會談的老師，結果她選擇剛來的實習老師。我們很好奇學生為什麼選擇和實習老師會談？是因為老師最年輕嗎？結果學生說：「因為實習老師的背包上面有一隻很可愛的猩猩吊飾，我也有一隻，所以我想選實習老師。」藉由這隻猩猩，學生覺得與實習老師有共同的話題，兩人的距離拉近了。

第三個例子則是我在教授生命教育課的上課內容，第一堂課我會讓同學認識老師與課程，第二堂就請學生自我介紹，每個同學都很高興製做投影片秀出自己的照片與說明自己的特色，讓我可以深入去認識她們；到第三堂，我讓學生分享自己的偶像，從偶像中我對孩子的個性、特點、價值觀與夢想，會有更多的認識。第二、三堂的內容，幫助我與每位學生有更多溝通的素材，同時這些課程內容也幫學生們搭起友誼的橋樑。

為何這些課程有助於同學的友誼建立呢？五年級生成長的年代娛樂很少，就那麼幾種方式，前一晚才看完《科學小飛俠》卡通，第二天大家到校就熱烈討論一番，男生都喜歡一號鐵雄，女生都喜歡三號珍珍，有共通的話題，一點都不孤單。現在多元世界，資訊爆炸，每個孩子看到的MV、卡通、動漫通通都不一樣，要找到相同的偶像還真是不容易。光是音樂類偶像，除了亞洲台、港、中、日、韓、新加坡、印、泰，還有美國、拉丁美洲以及歐洲各國的明星，都在範圍之內，加上奧運以及足球、籃球、棒球、賽車等運動明星，以及財經政治作家或是古人，以上屬於實體世界；還有虛擬世界，如動漫、網路遊戲、卡通、奇幻文學的網路作家等作品的主角，都是學生偶像的來源，即使全班有四十位同學，要在這麼廣泛的選擇中找出相同的偶像，也相當不容易。分享偶像可以擴大學生們的價值系統，並學習尊重多元選擇，因為每位偶像都有各自的優點，同時學生在發現有人與自己擁有相同的偶像時，也了解自己並不孤單。

家長們不需要跟隨流行，但需要了解孩子的偶像，這是一個與孩子交流很好的溝通入口，特別是從孩子的偶像身上可以了解孩子的價值觀、獨特處與夢想，增加與孩子的交流，讓他覺得並不孤單，有人支持、關心他有興趣的事。陪著孩子欣賞他的偶像，藉此找到孩子想望的夢想與努力的方向，在孩子努力的過程中肯定他的付出，進而找到他的優點，陪他吸收經驗與建立自信，培養他面對挫折的容忍度，增進人格的成熟度，這就是青少年所需要的溝通與陪伴。

允許孩子對成功有自己的定義

對於夢想，家長跟孩子常常出現衝突，衝突的關鍵在於兩人對成功與失敗的定義是否相同。沒有一個父母希望自己的孩子是失敗的，可是什麼叫失敗?沒有標準答案，不過我們可以來討論一下。

先分享一個小小的失敗經驗。世足賽冠軍爭霸戰，我支持梅西帶領的阿根廷隊輸球了，朋友B說：「你預測失敗，早告訴你要支持德國唄！」比賽前，我在臉書上發文說：

「生平第一張彩券就奉獻給梅西了。」臉書馬上有人說：「聽說德國會贏欸。」我說：「買彩券時從賠率就知道大家預測德國會贏啊！可是我是梅西的球迷，我一定要挺他！」然後出現兩個回應，朋友A回應：「我懂你的心情，支持你的選擇。」朋友B回應：「根據過去進球數、射正率、救球率種種大數據預測……，德國會贏。」我就回他說：「無條件支持梅西。呵呵！」這些數據我都看過，可是這位天才球員為自己替國家拿冠軍的夢想奮力到底的精神，讓我感動。我想要支持心目中的英雄！我支持的不是輸贏，而是為夢想拚鬥到底的精神。分享這個故事，是因為朋友B的反應剛好時常出現在家長與孩子的對話中。

很多時候，當孩子告訴家長自己的夢想時，家長與孩子溝通方式是以理性舉例來討論，例如：根據某人說、報紙報導、數據統計、XX資料顯示，讀XX系或做XX工作出路很好，是收入前十名的熱門行業，賺很多錢。很像我告訴朋友我支持梅西時，朋友忽略我的熱情，而回應：「根據過去進球數、射正率、救球率種種……」雖然理性，卻未必命中孩子的內心需求。

當孩子在告訴家長自己的夢想時，很多時候其實內心想說的話就如同我支持梅西的心情一樣：「趁著年輕，這是我想嘗試的選擇，不計輸贏，只想為夢想拚鬥到底。」儘管我支持的球隊有可能輸球，但我要為冠軍戰一搏，嘗試過後就沒有遺憾。孩子對夢想的態度也是如此：「我想往夢想飛去，雖然我無法保證成功，但我會盡力，並且因為我也有可能無法達成目標，所以我需要你的支持與祝福。」學生想從家長處聽到的話，就如同我的朋友A對我說的：「我懂你的心情，支持你的選擇。」

對於未來，孩子希望得到夢想一搏的機會與來自家長的支持，而家長則希望孩子不受任何傷害，直接安全、順利地得到勝利或社會地位等眾人心中的成功。我曾遇到兩位家長，出於他們的人生經驗，對於孩子選系有著完全相對的看法：A家長大學念電子系畢業，在科學園區開公司，事業非常成功，對於小孩選電機系、走創業的路十分反對，因為他認為小孩不會有他當年的機運，大環境也不利創業，因此要小孩當醫生、走安穩的路；另一位當醫生的家長，則希望小孩念電機而非醫學系，因為當醫生太安穩了，希望孩子趁年輕出去闖一闖，別像自己人生太穩定而無趣，他的小孩則在當醫生與電機系中猶豫。這兩位家長事業都很成功，但都不希望小孩選擇與自己相同的職業。如果這兩位同學是同一屆的話，我應該就會請兩位同學互相拜訪對方家長、深入討論了。

根據與家長互動的經驗，我發現家長常用兩種協助孩子的方法，一種是希望孩子複製自己或他人的成功經驗，另一種是要孩子避免自己或他人生命中的遺憾。這樣的方法有時候管用，卻也未必人人適用，如果孩子對你說：「這是爸媽你們想要的成功，不是我想要的。我不是你，我沒辦法做到像你那麼好！我跟你不一樣，請你多了解我。我不是神奇強力膠，可以用來彌補父母心中的遺憾創傷……」，就表示因為親子的差異，成功的因素無法複製，對於孩子的夢想，雙方無法對焦，孩子收不到來自家長的支持，親子需要重新溝通。

我們都希望孩子成功，上述兩種家長常用的方法只要做點點小小的轉換，也許小孩就可以收到家長的善意，親子關係便有所不同。夢想的目標由孩子選擇，而非家長，家長可以提供個人成敗經驗，但是不要求孩子一定要複製成功經驗；家長要允許孩子在追尋夢想的過程有多次的失敗或重新來過的經驗，與孩子討論這過程中的收穫，而非責備或後悔。家長自己的創傷要自己設法彌補，不要讓孩子來負責。

陪伴青春期的孩子並不容易，可是與孩子的關係順暢以後，未來會有很多意想不到的禮物在後面等著家長。孩子有著極大的可能性，一時的起伏並不決定孩子的人生，在青春期的種種經驗都是他們未來茁壯的養分，家長與老師的支持與欣賞的眼光，是他們日後起飛的動力。

建立紀律與表達關愛

最後談談教養的基本功：「關愛與紀律」。用基本功來形容，是要指出「關愛與紀律」是打從孩子一出生就開始打底的工作，終其一生，如果親子關係需要有所調整時，我們就必須檢視一下基本功是否紮實，或有哪些需要調整的地方。先來了解一下二者的定義。

「關愛」的意思比較好了解，就是對孩子身心各方面的照顧、鼓勵與讚美等正向情感的表達。孩子出生時，家長要愛上軟Q可愛的嬰孩是自然而然、毫無困難的事，而要對嬰孩表達關愛，也絲毫不費力氣。兒童期的天真爛漫也是家長們覺得可愛之處，到了青春期，家長能否持續用以往關愛的方法與孩子接近，就有很多變數了。

但家長內心比較困惑的主題，大多是「紀律」。孩子一出生，家長就開始為孩子建立紀律；在兒童期，孩子學會越來越多規矩，在既定的規矩下，親子活潑成長；可是到了青春期，孩子不再聽話、搞叛逆，甚至拒絕來自家長的關愛。孩子自主意識抬高之後，首先反抗的是「紀律」，那麼「紀律」到底是什麼？

簡單地說：紀律可以分成「規律」與「界線」兩個部分。「規律」的建立是時間上的安排，例如幾點起床、吃飯、睡覺、運動、做功課；而「界線」的建立則是指空間上的安排，包含身體與心理兩方面，例如與別人的身體距離、內心要開放多少。藉由「規律」的建立，家長協助孩子找到最符合身體作息的時間表，也隨著孩子的發展，智力與心理需求增多，要找出一套能滿足身心與智力需求的時間表，而這套時間表可隨著孩子的發展有所調整。藉由畫出「界線」，家長協助孩子找到讓自己的身體與心理最舒適的安全空間，在這個空間內，孩子是安全而自由的；隨著孩子成長，活動範圍變大，互動的人群變多，孩子需要學會適度開放界線，讓他人靠近或是自我防衛，守住界線以維護自己的安全空間。

在成長過程中，一開始是家長幫孩子找出生活規律、設定界線，以形成孩子的個人紀律，孩子因此學會照顧自己身心的最佳配方，學會負起照顧自己的責任。但隨著活動變多，範圍變大，互動的人群變多，孩子需要學習與人群互動的團體紀律，團體紀律包括如何防護自己的界線，避免入侵，如何尊重他人的界線，並彈性開放自己的界線以與人親近，以及關懷別人，讓人願意開放界線；孩子不僅要能做好個人時間管理，維持自己的活動規律，同時要兼顧團體的活動規律，協助團體規律向前，而非干擾團體，並且協助自己與他人維護良好彈性的界線，讓自己與團體成員都有安全、自由的活動空間。也因此，有著良好個人紀律與團體紀律的孩子既能自我照顧，也會在團體中有良好的人際關際。

青少年身心需求快速改變，原有的紀律在規律與界線方面都需要大幅調整，例如學校活動變多，如何調整？是要孩子更加早起晚睡，還是減少家庭聚餐的時間，還是減少手機、玩樂時間？當孩子變化的速度太快，需求內容無法使家長適切了解或獲得滿足時，衝突便在所難免，如何表達關愛當然就令家長更無所適從。叛逆的強度越高，就表示原有教養中紀律與關愛的重點越不符合他的需求，需要重新調整。

教養的重點是維持紀律，並提供足夠的關愛，協助孩子能夠負起自我照顧的責任，進而能夠關心與照顧他人。當孩子破壞紀律，影響個人、家庭或學校團體時，家長需要出面處理，處理的重點不在於打罵羞辱，讓孩子害怕或疼痛因而聽話遵守紀律；處理的重點在於，讓孩子體會遵守紀律是對自己與團體尊重的表現，負起責任去彌補個人破壞紀律所造成的損失或傷害。過去的家長有時將打罵羞辱跟紀律搞混了，「狼爸虎媽」就是一例，打罵、羞辱、懲罰與建立紀律、獲得成就混為一談，當孩子的思辨與表達能力發展到一定的程度，自然就會提出抗議，希望家長修正。

以下將家長教養方式扼要說明，並列出該教養方式下的代表人物，提供家長做為教養參考。

教養方式	高關懷	低關懷
高紀律	A區：民主權威型 特點：高關懷高紀律	B區：威權型 特點：高紀律低關懷
低紀律	C區：溺愛型 特點：高關懷低紀律	D區：忽略型 特點：低關懷低紀律

A區　民主權威型

特　　點：高關懷高紀律

教養情況：家長適度管教，孩子自信自立

代表人物：林書豪

林書豪的故事：台裔美籍，在父母全力支持下，選擇以籃球為夢想目標，並以高紀律完成哈佛大學學業與球技的訓練，通過壓力指數破表的美國職籃評選成為NBA球員，以其自信自律的精神，成為無數青少年學習的楷模。

B區　威權型

特　　點：高紀律低關懷

教養情況：家長管教過度，孩子或壓抑或叛逆

代表人物：李安

李安的故事：國際知名導演，父親為中學校長，對長子李安管教甚嚴，愛深責切，李安對父親始終心存敬畏。他在太太的支持下持續追尋電影夢，藉由電影作品間接處理個人父子議題，建構從自我壓抑到自我實現的歷程，日後作品從探討東方文化進而探討跨文化，屢奪國際大獎，成為台灣之光。

C區　溺愛型

特　　點：高關懷低紀律

教養情況：家長過度溺愛，孩子無法自立

代表人物：A少年

A少年的故事：A少年家境富裕，父母極度寵愛。母親從孩子小學起至高中，都在孩子班級擔任義工，開學第一天就請導師要特別關照，事事提醒孩子，深怕孩子漏掉任何訊息。即使到了高中，仍每天打探班級發生的狀況。如果孩子跟同學有所衝突，家長覺得孩子吃虧了，就會打電話給導師要求處理。只要孩子想參與的任何活動，從報名到打點關係，媽媽都提前主動做好，如果有任何活動訊息是母親所不知道的，就會打電話給導師或相關負責人指責訊息不公開，影響個人權益。於是孩子養成依賴的個性，從不注意班級事項公布，也不在乎同學感受，反正媽媽會擺平一切。導師與同學對他都採取暫時容忍以免招惹媽媽的心態，但對A少年迷糊成性、無能不負責任都一致搖頭，覺得他自我中心，挫折容忍度低，依賴性重，獨立性低。

D區　迷失型

特　　點：低關懷低紀律

教養情況：家長放任忽略，孩子迷失自卑

代表人物：D少年

D少年的故事：自小父母因在城市打工，將他托給鄉下的祖父母照顧，年邁的祖父母能提供D少年的身心照顧與文化刺激有限，也無力擔負起規範與教育之責。在父母失功能與長期忽略下，無人引導與督促，致使D少年作息無序，缺乏上進的動力，成績、課外活動等表現不理想，與同學關係欠佳，自我價值感低，自暴自棄，長期流連網咖，找不到人生目標，十分迷惘孤單。想要尋找提升的方法或團體，卻飽受挫折，轉而尋求不良團體的認同，與同伴整天無所事事，虛度時光。

親子間的溝通問題，除非是發生巨大誤會或突發變故影響，否則大都是漸進式產生，早有跡象。以下提供兩種線索讓家長參考，分別是「照樣造句」與「吐槽」，可以早期發現，早期修正，不用等到親子出現情緒化語言而衍生誤會，或走到避不溝通的窘境。

照樣造句：孩子模仿父母所說的句型回應父母。

有個朋友提到，某次他罵小孩：「我每天辛辛苦苦的上班，還不都是為了你！」小孩馬上回說：「我每天也辛辛苦苦的上學啊！」因為孩子具有模仿父母照樣造句的本事，所以父母口中說出的句型是善言或是惡語，都將存入孩子的句型詞庫中，到時反應出來。當小孩出現照樣造句時，就是一個訊號，提醒家長趕快檢視自己的句型，是會引發親子良性互動，還是將產生負向連鎖反應。如果父母可以對小孩講出正向的話語，那麼小孩對父母也會有著正向的回應，親子間就會形成正向溝通，反之亦然。

吐槽：小孩練習表達出與父母不同的意見，尤其是在不同意父母看法時。

不論家長是教授、專家還是大老闆、企業大亨，隨著孩子成長，父母在小孩面前便權威越低。當孩子成長，他的邏輯思考能力增加，將累積數年跟父母相處的經驗，經過觀察與思考，開始發現父母非完人，許多話語不合邏輯，對孩子的要求有不合理與矛盾之處，他要如何表達與父母意見不同之處，改變、修正父母的觀念呢？青少年常發現「出言吐槽」是最方便的方法，例如孩子對爸媽說：「你上班辛苦？我上學不辛苦嗎？我坐在那邊，要認真的聽老師講課，不然我會被罵；你以為我的同學都好相處啊？有些會打人，有些會罵人，有些也很討厭，你以為我願意坐在那邊上學喔？回來還要寫作業，還要被你碎碎念……」又比如家長跟孩子說：「你看看某某人考第一名，你呢？」孩子回應說：「那你不看別人爸媽是怎麼當的！」

「照樣造句」是「吐槽」的前身，隨著孩子的思考與表達能力增強，吐槽的內容也就更加豐富而力道強人，如果加上態度、語氣不佳，邏輯可笑，的確足以氣壞家長，非常考驗家長的包容力與應對能力。但要是家長在氣頭過後能夠冷靜下來，不要一昧認為吐槽是頂嘴、頂撞、是挑戰父母權威的壞事，也許就能夠發現：孩子吐槽的題材來自生活接觸與思考的範圍，有些吐槽內容的確是經過累積的經驗與思考後的產物。當然，孩子吐槽的邏輯與內容、價值觀不見得正確，但做為親子關係調整的依據，卻是教養上很珍貴的參考來源，是修正教養方向與改善親子關係的好建議，也是修補關係、引導孩子更加成熟的好機會。

在此，從青少年輔導的重要性，談到認識青少年文化，並提供幾個與孩子溝通的方法跟大家分享，希望能對大家有些許的幫助。最後我想說，孩子會創造我們未來的社會，所以讓我們一起合作，好好幫助這群青少年飛向更好的明日！今日我們支持孩子飛向夢想，明日孩子會帶領我們飛向全新的未來！

劉姿君

現為新竹女中輔導教師、新竹市諮商心理師公會理事、台灣榮格發展小組成員。台師大教心與諮商研究所碩士，諮商心理師及諮商督導，從事學校輔導與社區機構諮商心理工作多年。曾任新竹女中輔導主任，新竹市心理師公會常務理事，台積電專任諮商顧問，新竹市生命線科學園區員工協助方案諮商顧問，清華與交通大學兼任諮商心理師，新竹市家庭教育服務中心諮商顧問。

05 青春ed與青春ing

文／林慈玥

父母要先面對自己的問題，
好好愛自己，
才能真正愛孩子。

現在，我要與大家分享校園親子互動的輔導實務，不過在分享前，先請問：「你會期待我多說些什麼？或不要再重複說些什麼？」

「都想聽。」

「都想聽!?——還有嗎？」

「可以多講一些比較實務一點的，比如說個案……」

「好，今天準備了幾個學生沉迷網路的輔導案例，希望能滿足你的需要。還有呢？」

「……」

請體會一下剛剛的過程，現在我很用心地接近各位，可是相對而言，我卻比較容易被投射為權威者。請再回想一下剛剛的情境，感受一下自己的現況；身為一個大人了，你覺得要回應剛剛的問題，容不容易？你多少也比孩子更了解自己，但一切又好像不是那麼容易？對吧！

有時候我們單純以一顆充滿愛與關懷的心，意興高昂地對孩子說：「你累了一天！」、「媽媽好想關心你！」尤其聽了親子公益講座之後，可能會覺得好想回去跟孩子對話，但卻發現孩子怎麼都不回應我？籌備了數天的功力，看到孩子一張垮掉的臉一下子就全沒了。好像孩子有一個本能，會激發我們的學習心，但也很擅長將我們很挫折地打回原形。

其實，我當輔導老師，在學校要去接近孩子一樣不容易。有時候輔導會被視為無效，但其實不是無效，而是就算我們再怎麼愛孩子、再怎麼想要影響孩子，「時間」都是一個不可或缺的因素。雖然我們在學校想要貼近孩子，但他們的問題或生命故事是一層包一層，一直延續下去的，有時候孩子丟給我們的東西可能只是表面的狀況；能不能了解到行為背後，他真正要告訴我們的意涵，對我們都是一場又一場的考驗。

我在輔導室工作近二十一年，真的看到許多學生其實也很想靠近我們，但是過去的接觸經驗帶給他的失望太多了。尤其到高中階段，這一再讓他失望的世界或許便促使他再也不相信任何人，於是他對自己說：「我已經知道大人要我演怎樣的角色，我就演大人要看的東西就好了……」，他的內心就這樣慢慢地封閉起來。

我非常感謝自己曾有過八年在不同性質學校工作的經驗，讓我在接觸青少年時能有更多元的角度去看問題。很多人誤以為明星高中老師很好當，因為學生頭腦都很聰明，便誤以為成績好的孩子沒有什麼狀況是需要被輔導的；其實，聰明的孩子固執起來或陷入困難時，他的父母或師長要輔導他，難度是更高的。

去明星高中工作第一年，我就受到震撼教育。學校規定學生被記大過就要轉知輔導老師，有天我接到一張單子，上面寫著：「〇〇學生爬牆，記大過乙次」；我約談學生，結果學生一屁股坐下就說：「老師，爬牆如果是從校內往外爬，你說我妨害校譽，那我這次大過我就認了，可是老師……，我是一心向學，學校八點記遲到，八點五分時我認為上課來不及了，從外面翻牆要趕快衝進教室上課，教官憑什麼記我過？」

如果你是我，你會怎麼回應這麼聰明絕頂的學生？我自認如果我有一些些聰明，都是學生的功勞，就好像被逼出來似的，因為我常常得跟他們這樣磨練武功。

我告訴孩子：「你這麼聰明，其實你知道為什麼，你只是害怕了，不想面對……」此時孩子大多就會稍稍平靜下來，而不是防衛地持續與我爭辯。所以，長輩面對孩子犯錯時，不要僵在道德層次，或為了孩子因害怕所以亂掰的情況而生氣。這是很重要的第一步！

平日上課，我會用幽默但嚴正的立場跟學生說：「爬牆這件事，麻煩你不要在老師面前爬，為什麼？追你，我很辛苦，我體力不好；但如果不追你，我很痛苦，因為違反我當老師的責任。我不鼓勵你爬！但如果你要爬，請你務必安全落地！因為已妨害校譽就不能再損傷自己，不然更加對不起你父母！」

這些孩子在課堂上會知道我的態度，明白我並不鼓勵爬牆這件事情，如果他們違反常規，也要去看清楚自己的行為對整個常規系統會造成影響，不要只認為別人在為難自己。

我非常敬佩我們學校的家長，因為他們大多都非常注重學識教育，往往家中其他子女也都是就讀明星學校；我常在想，家裡有這些聰明但又不易聽勸的絕代雙驕，家長真的是要很傷神的。

不要太快變成道德家

二十多年的青少年輔導諮商工作教會我一件事，就是不要讓自己太快變成道德家，才不會被學生表面的話影響。想當年，我們的成長相當注重紀律的教養，所以對於「什麼是應該、什麼是不應該」相當敏銳而且堅持，因此孩子沒有盡本份會讓我們大人自己充滿挫折，常常就因而失去與學生或孩子好好連結的契機。

以剛剛爬牆的例子來說，能就讀明星高中的學生，難道心中不知道對錯嗎？但他一開始對我講的那些話表示什麼？他害怕了！他在試著像個大人一樣保護自己，這是他的防衛機轉，想展現一些強勢。其實，他心裡面比誰都害怕，端看你能不能看懂後面這些動力。如果你被他表面的話鈎到，跟他硬碰硬，就會造成一個死結。

輔導老師常常得面對孩子的考察。很多孩子來諮商時會不斷地出題，看我們能不能不被他表面的東西勾到？我們能不能花一週、三週、十三週……，在那邊陪伴他而不放棄，讓他感受到這個大人對待他的方式跟別人不一樣，不再只是告訴他一套標準。或許這時，他才能再次開始相信社會，而誠實面對自己的問題。當他心態改變的時候，力量是很大的！

我欣賞我的學生，但擔任老師這個角色，我有時會有些不安，為什麼？因為我認為我責任重大，我在教育國家未來的領導人，因為以後領導我們的就是現在的年輕人，這些年輕人腦袋瓜在想什麼、怎麼感受這個世界，就是台灣十五年後的生活品質。我跟學生說：「我有責任把你教好，所以很抱歉，當我變成一個嚴厲的老師，請你諒解；現在你在玩什麼，我也很想學，因為你把我教會，我就有更多的能力去理解你，我們的合作會讓你的能力有更好的發揮。所以有時候我會在你周遭晃來晃去，就是希望更有能力去理解你，麻煩你給我機會。」

其實當父母跟當師長一樣，如果一時做不到很好的引導，「忍住不說什麼」、比「說什麼」還重要。尤其，青少年很容易把關心叮嚀當成嘮叨與批評。

總體來說，男校跟女校的學生，在人際連結方式上不太一樣，我以前在女校服務時，女學生貼心可愛多了，教師節、聖誕節等節日，都會有小卡片往輔導室送，但男校不一樣，男生表達方式就是一句豪邁的：「老師，謝啦！」如果夠幸運，他們在臉書會講說：「那個老師還可以啦！」當老師的很好哄，這樣兩句你就會覺得一切已經很值得了。所以在帶領與陪伴比我們聰明的下一代時，我們真的不能急，慢下來並保有赤子之心，青少年才不會把我們推開。

你想要找到孩子的亮點，就要讓孩子在你面前能自在表達。就像我對學生的鼓勵與引導：「表達需求以後不一定能立即得到滿足，但只要是你真心想要的，資源會被你慢慢連結成一個系統；因為，教會別人如何對待你，可能不只是你的權利，更是你的義務。」

我們怎麼學習父母角色

現在先問自己兩個問題：「不管你現在是當父母或當老師，從一到十，十是最滿意，在這個角色中，你對自己的滿意度是多少？有超過七分以上嗎？當想到這個數值的時候，你心中浮現哪些親子或師生互動畫面？這個畫面可能相當有意義，請你去感受一下。」

「第二個問題，在你心中，『夠好的』老師或父母，基本元素和特質大概會有哪些？」

之所以需要想一想這些問題，是因為角色扮演是學習而來的，唯有覺察，才能造成轉化與改變。

你第一次開始覺察自己怎麼當父母，或是體會到自己「在當父母」，是什麼時候？我開始思索這件事，是在二十年前了。我姊生了一個很可愛的小男孩，外甥大概兩歲多的時候，我受到頗大的震撼教育，那時我聽到我姊在責罵她兒子，突然覺得那些台詞好熟悉喔！我開始回想，這些台詞來自哪裡？對！是四十多年前我媽罵我們的話，我姊姊完全不用打草稿，直接順溜地從嘴巴一長串地冒出來；我在旁邊是個聽眾，但卻受了很大的影響，第一次深深體會到上一代對我們「如何當父母」的影響之深！我開始探索自己：我要留下什麼？我不要什麼？我媽生了三個小孩，她的教養方式就有機會被複製三次，而我也有可能繼續複製下去，哪些是我可以保留的？哪些是我可以去轉化的？

你有想過這些嗎？以前從來沒有一堂課教我們怎麼當父母。在成長階段，那些無形的身教會深深刻印在我們生命中，如果沒有經過覺察跟轉換，影響是很大的。還好，現在願意學習親職教育的父母越來越多，可是，仍有大半父母忙得沒空處理這個部分，導致這種複製或傳承有時傷害到他們自己，或最珍愛的孩子。

人生的挑戰很多，就算我是學輔導的，要轉換仍然很不容易。我兒子快三歲的時候，我工作很忙，每晚都在催他「快、快、快」。有一天，他大概受不了了，原本在刷牙的他把牙刷往旁邊一放，然後很天真無邪地跟我說：「媽媽，我的英文名字叫Hurry嗎？為什麼妳一直叫我hurry up、hurry、hurry啊？」當下，當年聽我姊罵她兒子的那種轟然灌耳的感覺又出現了。我已經學輔導這麼多年了，一直想要採用不一樣的態度，可是我兒子那句話一出來，就完全把我的「理想我」戳破了。原來只用腦袋瓜想要做個不一樣的父母，是多麼多麼地難。那個晚上我很難過，但同時非常感謝我兒子，他是個小菩薩，因為他讓我面對了「真實我」。

我很鄭重地抱著我的孩子跟他說：「媽媽非常謝謝你！媽媽在你講話那一刻，才體會到原來你這麼小也可以教媽媽很多的東西！媽媽可不可以請你，以後有不好的感受都告訴媽媽？媽媽往後一樣可能會再犯錯，但媽媽願意不斷去調整。媽媽會不斷地催你，不是因為你不好，而是媽媽工作一天了，人好累，只有你休息了，媽媽才能休息。媽媽真的要跟你說聲對不起！也謝謝你提醒了媽媽，讓媽媽可以慢下來。」

其實他對我說的話似懂非懂，但他眼睛看著我，我知道他感受到了我的態度——一種溫柔誠實的愛。

那晚之後，我決定讓自己慢下來；而一個工作狂老師讓自己慢下來的最好方法，不是再去讀更多的書，而是把脖子以下的身體照顧好。所以，我開始一個禮拜去做兩次瑜珈。瑜珈課剛開始時，老師叫我們要放空，放空？空……噢，什麼是空？我的腦袋瓜還是轉不停，可是堅持下去之後，不知不覺中，時間感不一樣了，會覺得當下很享受，兩年多後我經驗到，有些東西真的開始在慢慢發生轉變了。

我發覺我維持這個態度，孩子跟我的互動變得比較親近。後來如果我偶爾忍不住又罵他或催他，他自己就會找一個地方去碎碎念，我說：「你剛剛去偷罵我了齁。」他說：「沒關係啦，我念完就算了，反正你比以前會當媽媽了。但我跟你講一件事，以後你可不可以……」我發現到，他持續願意跟我表達與溝通，這就是親子互動最好的資產。

所以，現在回到你自己，想一想自己跟孩子互動時，心中浮現的畫面是什麼？當時怎麼跟孩子回應？你跟自己父母相似的是什麼？他們有什麼優點是你也有的？你有什麼是他們沒有的優點？經過努力成長與學習，你能給孩子的其他優點是什麼？

多一點時間關愛自己，你就更有能力站在讓愛流動的位置上。我一樣保有我媽的直率、效率與熱情，可是，我更可以讓自己情緒比較平穩地跟孩子接近，而且做了我媽沒有做過的事——我每天晚上都能與孩子擁抱。我做的最大轉化，是能帶著幽默感跟孩子相處，讓我與兒子玩耍時更有創意。

當年我讀的國中，是非常大型的明星學校，一個年級超過三十班，後來我才知道我們那一班的智力測驗是全年級平均第二名，可是第一次段考，我們卻考了全校平均倒數第二名。我們導師是新任老師，我印象非常深刻，段考後她只在黑板上面寫四個字，然後一句話都沒罵我們，就繼續上課。想像一下當年那個場景，一個滿腔熱血又年輕有為的導師，在校長用心安排下，接下智力測驗平均第二名的班，結果竟然考了全校倒數第二名，這個導師的心情會是怎樣？當然是挫折，而且應該還會把學生臭罵一頓吧！

我當初其實不太懂我們導師的用心，直到我成為老師。

我們導師只在黑板寫下的，是「大器晚成」四個字，然後做了一個深深的深呼吸，轉過來繼續上課；我當年國文造詣不好，這四個字我還不太確定是什麼意思，但一直記得導師那個態度。那個態度傳達了「相信」、「不批判」與「不放棄」。

我們能做到這樣嗎？當孩子或一群學生讓我們失望的時候，我們能不把自己的情緒壓力壓在孩子身上嗎？

國中導師後來去蘭陽女中教書，學校一樣把資優班交給她，我覺得她的態度真的是學生之福。我們班同學當年的第一名，碩士直升博士，很年輕就成了台大教授，第二與第三名學生後來都成了醫生。

成長中我也犯了不少錯，所以希望能夠經由分享，而讓大家有機會少受點傷害。我們今天願意花時間學習，就比別人更有一份力量去推動愛、散播愛、去轉化更多的東西，我相信每個人都擁有這樣的智慧。

我在助人專長上的學派是心理劇，這個學派的創建人是雅各布・莫雷諾（Jacob Levy Moreno），莫雷諾認為一個健康的人，他身上的角色目錄要很豐富，在不同場合才能有合宜的自發反應。他的學理會引導我去思考：「我在做什麼？」、「我的人生有哪些角色？」、「我有沒有僵化了那些角色？」

你知道認真的老師常犯什麼錯嗎？我曾經做過一個口頭調查，向一些學校的學務主任詢問：「那麼多學生進出學務處，請問那些學生的家長行業類別最多的是什麼？」接著，我又去問教務主任：「這麼多學生進出教務處，那些較常得獎的學生他們家長職業是什麼？」結果答案都是「老師」，這個狀況告訴了我們什麼？

要先說明的是，這當然有統計上的問題，因為老師就是職業工會裡面人數較最多的一群，但為什麼老師的小孩有這麼多不同的發展樣貌？我不是說進學務處的學生就不好，這群孩子極可能是因為很有創造力，讓大人無法應付，而且就心理學效應來講，有時候犯點小錯，說不定將來在寫傳記的時候，這些故事就會成為他以後的賣點。

我只是在省思，很多老師在白天最有體力時擔任的是別人小孩的媽媽，學生有什麼問題，都說：「好！沒問題，老師幫你解決。」但回家後，反而變成自己小孩的老師，常會對自己的孩子說：「這個也不會，都幾歲了？自己不會去做。」

同樣的，我在輔導或諮商實務工作上也常遇到很多父母是主管，但回家後沒有轉換角色，就造成親子互動很大的問題。

不是網路拉他走，而是他的心想去某處

接下來，藉著分享幾個沉溺在網路的個案，讓大家更清楚兩代互動的可能樣貌。

有一天我在學校接到一個家長來電，聲音非常溫柔婉約，這位賢慧的媽媽說：「老師你可不可以幫幫我？」我說：「怎麼了？媽媽您聽起來很焦慮，好像很擔心。」媽媽說：「我的小孩半夜三點多，都還在滑手機欸！而且我把電燈關掉，他還躲到棉被裡面去滑，都不睡覺；我去問他的同學與老師，都說他上課都趴著睡覺。」「那導師知道嗎？」我問。

「有啊，我跟導師談過，老師就跟我說，明星高中的孩子不用擔心啦！該念書他就會念書啦，可是這樣怎麼可以？」她越講越激動。

我於是開始想辦法去多了解這個小孩，並設法跟他會談，但我發現這小孩蠻特別的，因為網路成癮的小孩上課常會趴著睡覺沒錯，可是通常對很多事物也會慢慢失去興趣，會比較沒有活動力，可是這個學生在班上有活動或比賽時會積極參與。我就開始思考這個落差。

我問學生：「除了滑手機之外，還有什麼讓你人生比較有趣的事情？」

他說：「有啊！我參加某某社團。」

「那爸媽對你參加社團的態度是什麼？」

「他們覺得我都在玩啊。」

「這樣子喔。我對你那個社團不是很了解，你可不可以多說一點給我聽？」

聽他描述完之後我說：「我覺得不錯啊，聽起來是個服務性社團。」

「可是我媽相當不以為然，她說我在浪費時間。老師你不用跟我講了啦！反正我媽找了所有的老師，每個人都會來問我，我不要講那麼多遍了。」

在這些對話中，你可以覺察到什麼嗎？

沒過幾日，我收到一封頗震撼的email，打開是Excel檔——這個學生的媽媽是學財管的，她善用自己的專業，把這小孩從幼稚園到小學畢業有什麼表現、交什麼作業、老師怎麼回應、媽媽看見什麼，全部寫成Excel檔案給我。

看了這封信，我理解到，這個小孩為什麼要躲進手機世界。

我不是指責這全是媽媽的錯，但我此時已充分感受到後來孩子談到的心情。

他說：「老師，其實我們家沒有什麼不好。」

我說：「對啊，其實父母來找老師，一般孩子會對父母感到氣憤，可是我感覺你是充滿無力跟沮喪。我感覺得出來，其實你很愛你媽，對不對？」

他不講話，開始有點想掉淚，然後垂頭點了兩下，接著他說：「其實老師，我沒有想要變壞，我只是覺得家裡很無趣，我想去外面呼吸新鮮空氣，可是我媽媽讓我覺得她只看重成績，怎麼講都沒有用，聽不進去。」

我回應：「其實你滑手機，是因為你媽媽每次進你房間的時候，你不知道該怎麼跟她對話，是嗎？」

「對。」

試想，這位個案滑手機時快樂嗎？他的困難在哪裡？

其實，很多網路成癮的孩子，不是網路拉著他走，只因為他的心想要有個去處，而網路剛好佔據了他的心。當家長緊盯孩子的一舉一動，孩子連眼睛都不知道該看哪裡的時候，他怎麼辦？盯著電腦就很安全了，不是嗎？

這個學生的媽媽有時候會跑來謝謝我，好像她獲得開悟了似的，可是隔天就又訴苦：

「老師我不行了，我兒子又……」所以，我在關注學生的同時，也告訴媽媽：「你要接受長期晤談，否則我一個人救不了你的孩子；你非常愛你的孩子，孩子也非常在乎你，所以你要先把自己穩住，這樣孩子才不會再躲在網路中。」

學生教會我：面對我們最愛的人，有時候往往最難開口。

父母要先面對自己的問題

第二個案例是個爸爸，相當盡責且文質彬彬，小孩沉迷網路到無法求學，他便到處尋訪名醫諮詢。他真心想幫助孩子，而且全家族都知道孩子就讀明星高中，卻弄到要休學，學生與父母的挫折都非常強烈。

我是孩子新班級的輔導老師，因為注意到他是復學生而約談他。起初這學生不太講話，後來我慢慢發覺，他不講話感覺好像是想要保護家庭。我就不動聲色地暫時不多問，先在生涯上幫他做一些探討，後來得知他爸爸不斷尋找名醫諮詢時，就想能不能把他爸媽請來學校。家長到校後我才得知，媽媽也在看精神科醫生，因為媽媽非常、非常地憂傷。

其實孩子看見媽媽很憂傷的時候，會開始變得不知道要說什麼，久了就不講話，或開始做其他事情來逃避；而且在內心深處，他也覺得如果對別人講太多，好像就出賣了爸媽。

有一天，我單獨跟爸爸談話，我問他：「爸爸，你為孩子做了這麼多的事，甚至你曾氣到把電腦全部拔掉、砸掉，可是我想問一下，在孩子開始沉迷電動之前，那陣子家裡有沒有發生什麼事情？你可以不用告訴我，但我想請你想一想。」爸爸頓了一下，嘆了一口氣，他難過地跟我講了一句話：「是我犯了錯。我有了外遇……」

「那可不可以請爸爸你為自己去看心理師，並且在你準備好時，誠懇地跟孩子說對不起。唯有你面對你自己的問題，而不是以孩子的名義到處去諮詢醫生，弄得好像是孩子的錯，這樣孩子才有回頭的可能。孩子什麼都不太敢跟我說，我覺得孩子還在保護你。這一切不應該讓孩子來承擔、當代罪羔羊，這樣我們才能合作一起來拉回這個孩子。」

我請爸爸回去先跟妻子解決他們夫妻之間的問題，我說：「不管你們離婚與否，至少你們兩個應該相互尊重，誠實地一起面對孩子，讓孩子能表達他對你們的失望與難過，我相信孩子會慢慢從防衛裡時間走出來。」

我真的非常敬佩這個爸爸。後來，他真的慢慢把焦點放回他自己，所以學生復學之後開始表現出學習力，並且願意重新調整自己，下課時間開始會去打籃球。這個個案上大學後變得開朗許多，前幾年還來看我，他告訴我他對人生頗感滿意，正在準備出國唸碩士，還跟我分享父母甜蜜的出遊照。

輔導實務上常見到，父母如果先好好處理夫妻關係，而不是急著專注處理孩子的事情，其實孩子就會有很大的不同；所以，父母如能好好回頭重新跟你的伴侶談戀愛，這會是你送給孩子很大的祝福跟資產！

可以「reset」重來的世代

第三位個案非常酷。他很聰明，但就是不讀書，一直想玩音樂，而且動不動就飆髒話。他其實不是在罵人，他只是習慣批評，對任何事情都不爽，跟我講話也是一邊滑手機，從來不會正眼瞧我。

高三下學期第一次見面，他就說：「老師，你不要找我啦。」第二次，他還是說：「我覺得你不用找我，其實我問題不大，我覺得我們班那個誰問題比較大，去找他。」雖然這種表達是種防衛，但我認為我已經有些微進展了，於是我說：「謝謝你！雖然你大多時間在班上睡覺，可是我覺得你實際上還蠻關懷同學的。」

所以，為了他，我也就真的找了一下他「轉介」的那些同學聊聊，讓他覺得我對他個人沒有偏見。這個案沒想到我真的把他的話當一回事，但還是很抗拒接受輔導，因為擔心這樣一來就會要他面對許多事情。所以有時我去找他，他如果剛睡醒就會做出翻白眼的表情；有一次，他實在睡眼惺忪，趴在桌上不太想起來，我就蹲下去在他面前說：「你上次跟我說你在玩音樂，我很想聽你的音樂欸，你到底能不能做得出來？」講完我就走了，我不嘮叨；結果我下次去約他時，他來了。

過程中我從來沒有罵他，我只告訴他：「我真的想聽你說說話。」後來，他終於比較不抗拒了，但這時已畢業在即，都快考大學了。他來輔導室時，我對他表達：「都要高三期末了，你不想讀書的話，老師也不會逼你，我只是很好奇，你明明有在聽我講話，可是眼睛從來沒有離開手機，我很好奇你怎麼了？」

結果他回了一句：「反正你們老師『不都』是那個樣子。」

我就接著問他：「哇，老師都什麼樣子啊？你會講這句話，表示有過去的故事浮現，你要不要告訴我，過去你遇到的老師都是什麼樣子？」

原來，這學生國中的時候遇到一個非常認真負責的導師，這導師覺得他自己管理有方，可是碰到這個叛逆又有主見的學生不認同導師的方法；老師面子掛不住，常常當場在班上就給他難堪，於是這學生暗自決定：你現在給我難堪，我就更要證明不是只有你的方法行。

所以他國三那一年，不論老師講什麼都故意唱反調，但他要成為全班唯一可以考上第一志願的人；他果然考上了，但怒氣未消，沒有調整自己，覺得自己很行，可以複製成功的經驗。可是高中課業跟國中完全不同，尤其同學實力都很強，所以他整個人慌掉了，不知道該怎麼辦，不知道該怎麼讓自我維持感覺良好，所以變成欺騙自己：「我只是沒念書，不是我念不來！」

五〇年代出生的我們，成長階段是相當注重紀律的，我們受的教育要求我們的是「不行就要更努力！」可是這一代青少年，面對的是很多都東西都可以按「reset」重來的時代，他學到的是什麼？——不行的話，我就先放棄，我等明年再重來！所以到最後離大學考試只剩下幾個月的時候，孩子的想法就很容易變成：我乾脆就放棄算了，等明年再重考，我現在沉溺在網路世界，可以讓我維持自我價值感，因為不是我不好，我只是還沒開始念、還沒有努力，所以我沒有很差。

青少年這種放棄兼逃避的態度，常常讓父母受不了，就產生很多兩代價值觀的衝突。

面對這個個案，我沒有在前面幾次會談時就訓斥他：「你眼睛都正眼不瞧我一下，還滿嘴髒話。」我持續展現的是：「我有看到你，我也在等著你，我也相信你不是真的只想睡覺和滑手機。」過了幾次會談後，有一天他看著手機跟我說：「老師對不起啦！我不是要故意在你面前幹譙的啦！」

他有沒有轉變？有！到了畢業前他終於放下手機，可是他非常不安，因為他習慣看手機，他常常看看手機又收起來，過一會兒又看看手機又再收起來。畢業前兩週他主動問我：「老師，我拿不到畢業證書，我該怎麼辦？我真的要去試試那些全科補習班嗎？」我說：「你真的覺得那個作息適合你的話，你可以考慮。我很高興開始看到你選擇不逃避，因為，學業上這麼多千瘡百洞要補，壓力很大，但是你已經開始行動，我覺得很棒！」最後，他真的去補習班努力了。

這個轉變好像很神奇，其實不然。

個案心中認為導師欠他一個道歉，又沒辦法好好對國中老師發脾氣，一個青少年就把當年自己沒有辦法做的事情一直卡在心裡面，他認為沒有一個大人看重這件事，因為當年導師傷他的時候，父母告訴他的還是要尊師重道，所以無形中他選擇了用睡覺與滑手機隔離自己。孩子的傷，當年沒有人懂，孩子選擇不講，可是卻影響了他，浪費了他三年。

我不是說學生自己都沒有錯，只是在教育環境中，事件往往是一環扣著一環的。所以要重中的是，父母與師長真的不要太快扮演起道德家，可以慢下來去試著體會與理解，學生藉由這些行為到底在要什麼？在堅持著什麼？這才會是孩子要的「陪伴」。

愛自己是最好的轉化

最後，我想分享心理劇大師莫雷諾（Zerca Moreno）所提的，好的助人者該具備的特質：

1. 對相對個體抱持好奇，尊重其價值。
2. 珍惜相對個體的生命經驗，也尊重互相之間的差異，看重相互經歷的真實。
3. 樂意且終身學習的生命態度。
4. 有面對生命的勇氣，對生命充滿想像力並保有赤子之心。
5. 在處理問題時，要能夠進到對方的生命經驗，切換不同的視角。
6. 扮演一個引導者（be a guider），探索生命的多樣可能性。

其實這六點同樣可以放在「好父母」或「好師長」的向度上。對我來說，沒有絕對的好父母跟好教師，只有「夠好的」父母和教師。願意為了孩子不斷調整自己的人，就是一個夠好的父母；願意為了學生不斷地反思調整自己，就是夠好的老師。

你上次對孩子展現好奇是什麼時候？你上次帶著欣賞的眼光去看孩子，是什麼時候？

還是，你最近都帶著一些規範標準去看他，看到的都是失望？如果不能夠對他有種新奇的好奇與尊重，可能就會被這些孩子的髒話或違規行為卡住，而忘了去探尋這些孩子明知自己在表達歪理又據理力爭時，其實他想表達的是什麼？什麼樣的過往造成他這麼做？

願意翻開這本書來讀，我認為你便已經在做前述的第三點了，而第四點，在提醒我們有沒有保持對自己、對孩子的赤子之心？現在的升學很強調作文，可是作文要好除了國文底子要好外，重要的是孩子的生活經驗有沒有擴展，包括從小你有沒有常常跟他玩？你帶他去玩時，大人有沒有保有一個赤子之心？其實，保有赤子之心對健康是很重要的一件事情！

如果你是四〇或五〇年代出生的爸媽，那我要對你深深致敬，因為你們是很辛苦的三明治年代；當年的爸媽只要能賺錢養家，就是好父母，不需要給你情感的支持跟角色轉換，可是現在父母只拿錢回家是絕對不夠的。假日你可能還得帶孩子去玩，孩子挫折時你還要抱著他、安慰他，別人爸媽可以做到的，你也被期待要做到，所以你們壓力也很大。不是只有孩子被你拿出去比，你也被孩子拿出去比！

可是四〇或五〇年代出生的你，在成長過程沒有被情感滋養過，當你進入父母、老師等角色的時候，卻被社會及小孩要求要不斷去滋養別人，你給得出來嗎？所以，你要先不斷地學習愛自己，愛的能量才會流動出去。

另一方面，現在的孩子也很可憐，正因為當爸媽的我們如此上進，孩子要超越我們變得更難。當年，我讀完大學畢業後，無形中會覺得，好像我稍微開始可以跟我爸媽像個大人平起平坐地談事情。人生中，孩子有兩次在精神層次自我感覺較良好的機會，一次是他身高超過父母，心裡的感覺會稍微有點不一樣；另一次，則是學歷或工作上的成就超過父母。可是，現在的孩子超過我們大人容易嗎？身高還算容易，但學歷跟工作的向度上，現在的父母太認真，動不動就碩、博士畢業，請問孩子要得到自我肯定容易嗎？

我不是說父母不能優秀，我只是希望父母也去思索，自己的優秀與認真，對親子關係的影響是什麼？是更親近還是更辛苦？因為這不再是父母良好身教的單一向度而已。

就榮格心理學來說，一個男人要能夠成為英雄，在心理上是要能超越父母的，尤其是父親，這樣他才有辦法成為一個完整、成熟獨立的個體。所以，如果父母能夠反過來，帶著新的的眼光去肯定孩子，並主動告訴他：「哇！你比爸爸當年優秀耶！」就等於送了孩子他一輩子最好的禮物！他或許現在還沒辦法超越你，可是如果你表現出這樣的態度跟氣度，孩子從小對自己的自信心就會慢慢地很不一樣，做事往往也會較積極負責。

結束前，我想再分享兩部電影，一是《深夜加油站遇見蘇格拉底》，二是《KISS情人》。建議大家用心去感受這兩部影片的內容。第一部電影與青少年發展的自我認同與人生意義有關，第二部影片則是深刻地探討成長經驗對夫妻、親子關係的影響，尤其在夫妻關係曾經歷過痛苦的人，看到這部影片往往都很有感觸。

有一次我在成人教育班播放第二部片，有個中年女學員看完之後躲在廁所哭了好久，後來她跟我說：「老師，我本來要離婚的。看完這影片，我決定再給我先生一次機會！」當下，我很惶恐地跟她說：「我不知道我是救了妳，還是在害妳。但是，我覺得妳多思考再做人生重大決定是好的。」

近年我會開始自問，我們這代台灣中年人，到底要帶領下一代朝向哪裡？我們不能一直只停留在批評社會不好的層次；而老師動不動就被家長申訴，只會產生更多無力的老師。雖然，其實還是有很多阿信級的老師盡心盡力守住崗位，可是這一切仍應回歸到重視家庭教育。老師或許能夠有機會扭轉或啟發孩子，可是最重要的還是父母下班回家後，在孩子入睡前的三、四個小時，親子之間如何互動。

我自己在實務工作上看到，如果孩子回家後覺得家庭氣氛還不錯，父母兩人中至少有一個人可以陪伴他並且讓他自在地閒聊，基本上，就算碰到感情或學業等問題，他會比較快速度過，因為孩子處在包容接納的環境裡，就更有能力去面對外在的挑戰。

生存力比學歷重要。我們的青少年其實是茫然的，接觸的資訊太多，可能讓他們看起來聰明卻不知如何讓自己有智慧，他內心是更孤獨的。所以現代青少年想的比動手做的多，往往造成眼高手低、不切實際的情況，逃避問題變得比面對問題容易。因此大人要先把自己穩下來，夜深人靜的時候，我希望大人們接觸一下自己心中的願景圖像，問問自己：「我是什麼樣的人？打算把下一代帶向哪裡？」潛意識對我們有很大的影響力，保持與心象的連結，是重要的。

最後，我邀請大家一起給認真學習的自己按個讚！多欣賞自己的同時，也請你帶著新的眼光多欣賞孩子！好好珍重自己，我們才有機會一起帶領孩子，走向一個不一樣的世界！

林慈玥

建國高中輔導教師，一個長年與青少年相處而生命更完整的人。在二十年的助人工作中，大半的時間都在與青少年相處。青少年的諮商輔導讓她有機會不斷地反思，讓她的生活更有創意、更平衡。更棒的是，也讓她自己成為孩子的好玩伴！目前亦擔任諮商心理師、美國心理劇學會認可之心理劇導演C．P．暨訓練師T．E．P、台灣心理劇學會理事、台灣諮商心理學會繼續教育主任委員。曾任淡江大學兼任講師、台北市立大學兼任講師，也曾參與《心理劇導論》一書之翻譯，為心理劇學習者的重要學習教材。

第三篇

網路讓我們斷了線？

——e世代教養課題

如果說上個世代的教養環境與當今有何不同，「網路」無疑是個關鍵字，也是許多父母的頭號大敵。

伴隨網路而來的，是青少年時間安排的問題，如何安排青少年的作息與活動？

06

3C時代教養新主張

文／張立人

孩子上網上不停，
可能反映了內心或家庭的某些問題，
思考其中的成因，
孩子才能「上網，不上癮」。

夜半，千依剛從一款手機遊戲登出，馬上又登入另一款電腦連線遊戲。她知道再半個小時天就亮了，再一個小時，就會在窗外看到穿著熟悉制服的同學經過。她把窗簾拉上，沉默地盯著螢幕。

她是高中一年級學生，已經有兩個禮拜沒去學校。其實，她的母親在隔壁房間翻來覆去，整晚沒睡；而父親在中國工作，不知現在應酬結束了沒。要是他知道女兒沉溺在網路遊戲中，鐵定三更半夜打電話飆罵，不是罵女兒，而是罵太太：「怎麼教的？把孩子教成這樣！」

千依在國中時期，是個非常聽話、用功念書的學生，在班上名列前茅。她考上這所知名高中後，父親二話不說，送她一台最新款智慧型手機，又回去中國了。在那個暑假，千依玩得不亦樂乎，甚至玩到早上才睡覺，連同學找她出去，她都回絕。母親看在眼裡，覺得讓這孩子玩玩也沒什麼，而且她是很能自律的孩子，一定沒問題。

開學了，她有去上課，但回家後，把功課拋在一邊，玩手機遊戲玩到半夜。媽媽提醒她，她完全聽不進去。當她發現課業變難，自己功課老是寫不完，而同學都會時，心裡實在很慌，不過新款的手機遊戲馬上讓她忘了一切困難。

期中考結束，她發現自己成績是全班倒數，腦中飄過一陣暈眩感。隔天，她發現起床時已經是中午，於是她告訴自己：「啊！既然已經中午，今天乾脆不要去學校好了……」

面對千依的改變，媽媽完全無法理解。該念的、該罵的都說了，有次差點想打她，還好克制住。到底，千依怎麼了？父母又該怎麼辦？

科技不只是科技

近二十年來，網路科技日益興盛，智慧型手機讓你我可以隨時上網，進行社交、學習、工作以及遊戲娛樂，「美麗新世界」似乎真的降臨。

然而，像千依這樣遭遇的學生，也在大幅增加中。

不少家長感嘆：「現在給孩子的教育資源這麼多，從小念私立的雙語學校，寒暑假又讓他參加營隊，平常補多少習、學多少才藝……為什麼培養到最後，卻變成網路成癮，整天躲在房間裡？在我們那年代，下課回家還要餵豬、煮飯、除草、掃地，沒做好還被爸媽處罰，最後還不是變成很成功的企業家？現在孩子怎麼變這樣了？」

確實，千依若出生在二十年前網路還沒有盛行的年代，她可能一路順利升學，並且找到穩定的工作，成家立業。但現在，她無時無刻不面對3C產品的分心誘惑；在煩悶的時候，旁邊就是可以立即逃脫的網路「任意門」。手機就像哆啦A夢的時光機：當大雄在學校遇到挫折的時候，他會坐時光機回到恐龍時代，歷經冒險奮鬥，最後回到現實中，有了嶄新的態度與做法。然而，像千依這樣的孩子，卻沒辦法如此順利，最後滯留在虛擬世界裡，無法回到現實世界。她能夠選擇不出生在3C時代嗎？她能拒絕網路科技嗎？答案是不行的。然而，父母親有協助她培養健康上網的能力嗎？

網路科技，是人類知識發展史的第三次重大革命。上一次的革命，是十五世紀古騰堡發明印刷術；再上一次，則是一世紀蔡倫發明造紙術。這幾十年，網路科技大大加速了文明的步伐，壓力滲進人腦的各角落，然而，我們的大腦構造一萬年來沒什麼改變，你和孩子有辦法適應嗎？

愛因斯坦就曾講過：「我們的科技已經超越我們的人性，這已是駭人地明顯！」這對於網路成癮現象來說，真是一針見血。但愛因斯坦當初說的科技，還是指原子彈。

網路科技成為新興生活方式，勢不可擋。但網路不只是科技，它大大地改變了你我的心理與行為。

有個美國旅館老闆說：「十年前，年輕人來我這裡投宿時，都會來櫃檯問我說：『老闆！你們附近有什麼好吃的？附近有什麼好玩的？』我因此結交了許多意外的朋友，許多年輕人對我介紹的行程讚譽有加。然而，現在年輕人來問的問題是：『你家wifi密碼是什麼？』問到答案後，就低頭滑手機，直接走掉了。」

網路，成為迴避人際互動的方式。

魏巍，是一位著作豐富的手機程式設計師，他說到：「有次我想跟老婆、朋友去台東看海，坐了六個小時自強號到台東火車站，再花了半小時騎腳踏車到台東海邊，一見到大海，我們的第一反應是——坐下來滑手機！在臉書上打卡、觀察誰按了第一個讚、十分鐘內可以有幾個讚、查看臉書最新動態、一一點選Line的六十則未查看新訊息……，一小時後終於回完簡訊，就結束了看海的行程。」

網路，讓我們很快地逃離當下。休閒行程如此，更何況課堂中、家庭裡、人際關係乃至於人生道路上的困難呢？

當迴避與逃離成為每分每秒的一種習慣，也就構成了成癮行為最肥沃的土壤。

學會辨認網路成癮的特徵

不少家長問我：網路成癮到底是不是精神疾病？

依照學界看法，我可以跟各位說：還不是。但它不折不扣是重大身心健康問題。

網路成癮現象，首先在一九九六年由美國匹茲堡大學心理系的金柏莉・楊（Kimberly Young）博士進行學術探討，多年來學界對它的定義與看法分歧，直到二〇一三年，美國精神醫學會提出「網路遊戲疾患」（internet gaming disorder）的研究診斷準則，才形成一定的共識：

根據美國精神醫學會出版的《DSM-5精神疾病診斷準則手冊》，定義「網路遊戲疾患」的研究診斷準則為：持續且反覆地投入網路遊戲，通常和其他玩家一起，導致臨床

上顯著的損害或痛苦，在過去十二個月內出現下列五項或以上的狀況：

1. 網路遊戲佔據了生活大部分心思或時間：下線後，還是一直想著線上遊戲。
2. 當停止或減少網路遊戲時，出現戒斷症狀，包括：易怒、煩躁、焦慮、憂鬱、嚴重無聊感。
3. 耐受性：需要花更多時間在網路遊戲上。
4. 反覆努力想要控制網路遊戲的使用，卻徒勞無功。
5. 除了網路遊戲，對先前的嗜好與休閒都喪失興趣。
6. 即使知道自己在心理、社會功能出現問題，仍然繼續使用。
7. 對家人、治療師或他人欺瞞自己使用網路遊戲的情況。
8. 使用網路遊戲來逃避或抒解負面的情緒。
9. 因為網路遊戲而危及或喪失重要的人際關係、職業、教育或工作機會。

網路內容五花八門，包含：連線遊戲、社交、色情、賭博……等，但僅有連線遊戲的部分被納進來。構成「網路遊戲疾患」診斷的重要原則有三：

1. 構成非常明確的角色、功能損害，譬如：休學、拒學、成績嚴重落後、無法工作、嚴重人際衝突、產生身心健康問題。

2. 當事者的自我失控感：明明知道用得過度，想要減少使用，卻發現自己做不到。

3. 要進行診斷，應由專業人員研判，不宜做為標籤濫用。

若不確定以上三個原則，建議用「問題性網路使用」（problematic internet use, PIU）來指稱，泛指因過度使用網路而產生負面結果的行為。

「網路遊戲疾患」屬於「行為成癮」，和「物質成癮」有類似的成癮行為，由某些高制約性的行為所導致，產生大腦中「報酬迴路」（reward circuits）的功能異常，和賭博疾患最為相似。

在台灣，網路成癮檢測量表最常用為台大陳淑惠教授編製的《中文網路成癮量表》（CIAS），具有良好信校度，以及篩檢、診斷切分點，我在《上網不上癮：給網路族的心靈處方》一書中有收錄，可做為教育用途。

網路成癮現象到底多普遍？

以全球來講，青少年網路成癮比率為百分之四．五至四．六，在美國為百分之一。在台灣呢？根據二〇一四年最新調查發現，線上遊戲成癮的高風險族群與重風險族群，在國小為百分之十二．一〇，國中為百分十九．〇〇，高中職為百分之十五．九〇。其實，這比例不是只有台灣高，南韓、日本、中國、香港、新加坡也都很高，是東亞各國必須積極面對與處遇的身心健康危機。

深度地思考網路成癮的原因

當孩子有網路成癮的徵象，很重要的是去思考：究竟是什麼原因？我在長期提供心理治療的經驗裡，發現網路成癮常是「冰山一角」，底下常見某些強烈的心理需求，沒能在現實生活中獲得滿足：

一、個人層次的原因

1. 個人認同感需求：

孩子本來很順從父母，但到了青春期，發覺自己並不喜歡父母親指示的方向，開始有不同想法、不同方向，並且渴望自由、能夠自己做決定。孩子渴望藉由自己的成就或他人的肯定，來塑造自己的信心。

2. 人際歸屬感需求：

對於宅男宅女來說，內心渴望友誼，卻又不敢踏出那一步，害怕被對方拒絕。線上遊戲或社交軟體提供了相當安全的環境，讓他感到獲得同儕認同。然而，網路人際關係的淺層、不穩定性質，卻增長了他的人際焦慮與孤寂感。

孩子在這兩方面遇到阻礙時，自然轉往網路世界尋求暫時性、替代性的滿足。孩子在網路中進行探索，可以幫助他度過這兩類心理危機；然而，對於某些孩子來說，網路世界的經驗並無法順利轉換為現實生活的適應技巧。

二、家庭層次的原因

蔣麗莉的弟弟在讀初中……只在家裡聽無線電，這無線電可以從一早聽到一晚，關起了門，只三頓飯出來吃。讀書是三天打漁，兩天曬網，逃了學也不幹別的。他們家的人都有些怪，連老媽子都有怪癖的，樣樣事情倒著來：孩子對母親沒有一點禮數，母親對孩子卻是奉承的；過日子一分錢是要計較，一百塊錢倒可以不問下落；這家的主子還都當煩了主子，倒想著當奴僕，由著老媽子頤指氣使的。（王安憶，《長恨歌》）

顯然，這位「無線電上癮」的青少年，和父母親的不當教養有相當關係。父母過度保護（溺愛）、缺乏正向的權威模範、親子關係疏離、家庭功能不彰，都是網路成癮常見的溫床。

其實，家庭互動中可能早已存在若干衝突，包括：夫妻失和、父親或母親在教養上缺席、家庭暴力、過度控制的親職型態、壓抑孩子的自主性……，但家長長期以來不去面對。當孩子過度使用網路，可能變成家庭互動裡的代罪羔羊。然而，網路成癮現象也反映出家庭互動問題的存在；若能正視家庭互動的議題，不僅孩子網路成癮能改善，親子、夫妻關係的改善可能是更大的收穫。

三、社會層次的原因

王琦瑤是典型的上海弄堂的女兒。每天早上，後弄的門一響，提著花書包出來的，就是王琦瑤；下午，跟著隔壁留聲機哼唱「四季調」的，就是王琦瑤；結伴到電影院看費雯麗主演的《亂世佳人》，是一群王琦瑤，到照相館去照小照的，則是兩個特別要好的王琦瑤。每間偏廂房或者亭子間裡，幾乎都坐著一個王琦瑤。王琦瑤家的前客堂裡，大都有著一套半套的紅木家具。客堂裡的光線有點暗沉沉，太陽在窗台上畫圈圈，就是進不來。

（王安憶，《長恨歌》）

在網路成癮現象背後，是一種3C產品的「流行文化」，就像每一個世代所經歷的那樣。

在今日，青少年若不使用3C產品，可能會沒辦法和同學講話，被別人排擠在交友圈之外，並且自覺不如同儕。開始用了網路之後，可能會很在意社群軟體上網友對自己的評價，害怕跟別人不一樣，因為那樣會被同儕討厭。孩子愈來愈難堅持自己的不同想法。不少青少年為了「讚」的數量，不論上下課都心神不寧，甚至強迫性地查看手機，嚴重影響生活。有時候，可以因擁有很多個「讚」而感到自信；但有時候，卻為了網友一句負面評論，自信心整個崩塌，情緒沮喪，歐美稱之為「臉書憂鬱症」。在極端的狀況下，甚至徹底否定自己，選擇自殺或他殺。

當兒童青少年把自信心蓋在網友評價的河床上，實在很危險！

網路成癮，和一種稱為「隱蔽青年」（hikikomori）的新興社會現象有關，又稱為「宅男宅女」現象。

日本文部省在二〇〇三年定義「隱蔽青年」為：「把自己隔離在房屋之中，不能或不想透過上學或工作與社會互動，持續至少六個月的人」，當事者拒學或在家當「啃老族」，每天的活動以網路遊戲、影片、動漫為主。估計日本有一百萬「隱青」，香港有三萬，台灣有二十六萬。

導致隱蔽的表層原因包括：學業壓力、學校霸凌、戀愛失利、親子衝突。需要注意的是，「隱蔽」久了，「隱蔽」本身也成為一種壓力，當事者與家人、同儕、學校、社會更加脫節，形成更大的壓力，而寧可繼續維持「隱蔽」。

構成隱蔽的深層原因，則包含：孩子過度重視面子、父母親過度保護（事實上是一種控制）、學校與職場壓力遽增、經濟環境衰退與弱勢。

兒童青少年過度重視面子，和近十年來的「自戀世代」現象有關，有自戀性格特質／障礙者大幅增加，當事者無法接受現實挫敗經驗，立即逃避至網路世界中。我在《在工作中自我療癒》一書中，深入剖析過此隱蔽的社會現象。

就宏觀經濟角度，台灣勞力密集產業外移、景氣衰退、就業市場萎縮，首先導致父母親所面對的生存壓力加大，繼而改變家庭互動，形成個人孤寂感。網路成癮現象，可能是社會變遷壓力下，家庭、父母與青少年在網路中尋求身心調適的努力，卻反過來造成了傷害。

如何透過3C教養預防網路成癮？

《紐約時報》記者比爾頓爆料，許多網路科技公司的執行長希望大家瘋狂買手機、滑手機，但私下卻不允許自己十歲以下的孩子在平日使用平板或智慧型手機，假日只能使用半小時到兩小時。對於十歲到十四歲的孩子，平日只能在寫家庭作業時用電腦，十四歲以上才給智慧型手機。蘋果手機創辦人賈伯斯還說：「限制孩子在家使用科技的程度。每晚在廚房長桌吃晚餐，和孩子討論書籍、歷史與各種話題；沒人會拿出平板或電腦。」

你是否很驚訝？這是不是和台灣家庭的3C使用現狀大相逕庭呢？台灣家庭在購買3C產品上的消費不遺餘力，卻可能賠上了親子互動的時間與品質。許多家長發現，過度使用網路與手機的孩子變得「只會搜尋，不會思考」；孩子一旦網路成癮，協助的過程更是千辛萬苦。

然而，在美國這樣一個網路科技的輸出國，家長用心培養孩子健康上網習慣，謹慎預防孩子網路成癮，重視培養獨立思考能力。台灣未來要成為網路科技的輸出國，讓別人來消費我們的產品，新一代的孩子就必須「會搜尋，也會思考」。

預防網路成癮的3C教養：

- 兒童及青少年的電腦、平板或手機，須在家中公開空間中（如客廳）使用。
- 孩子的臥室不應有3C裝置，以培養健康作息，確保睡眠充足。
- 家長應適時了解孩子上網的內容，或一同上網，以親切和善的態度討論。
- 兒童及青少年每日觀看螢幕時間（電腦、平板、手機、電視），不宜超過一至二小時。
- 小於兩歲的幼兒，不宜接觸任何3C裝置。
- 善用電信業者提供的上網時間管理、色情守門員服務。譬如：中華電信「HiNet健康上網」（http://hicare.hinet.net/index.html）
- 親子共同討論並簽署「家庭上網公約」：白紙黑字寫下明確上網時段；並由孩子自己的表現來決定網路時數；上網半小時至一小時就休息十五分鐘。
- 設定查看手機的頻率，半小時或一小時才查看一次訊息，避免隨時或沒事就滑手機的習慣。
- 不要太快回應簡訊，放下「已讀不回」的焦慮。
- 把不必要的APP提示音關成靜音，避免一直被干擾。

● 每天安排半小時以上的親子互動時間：父母親與孩子都放下3C，分享並討論生活實況。

● 在休息時間或假日，親子暫停網路與手機的使用，一起投入人際、休閒、體育活動，接觸大自然。

● 在學校、家庭、社交、會議等正式場合，暫時不查看訊息，一方面尊重對方，一方面也讓自己專心在對談內容上。

● 最重要的：父母親以身作則，示範健康上網。

根據國內外研究，孩子日後是否會產生網路成癮的關鍵，是國小二年級。若在那之前，就能建立起健康的上網習慣，未來能輕易避免網路成癮；若無法培養好習慣，未來成癮風險即遽增。

根據哈佛教育學權威學者霍華德‧嘉納(Howard Gardner)，現在的「APP世代」有兩種成長結果：一是「APP增能」，健康上網，培養控制力，能讓自己變得更聰明；一是「APP依賴」，過度依賴網路，導致自我認同更加混淆，與人關係更加疏離。

若孩子真的變成「APP依賴」，出現網路成癮的特徵，父母親該怎麼辦？

協助孩子脫離網路成癮的重要原則：

- 以溫和的語氣和孩子討論網路使用現況。
- 以正向的方式溝通，說明目標是幫助孩子又能上網、又能讀好書。
- 父母親必須保持自身冷靜，切莫大發脾氣，摧毀親子互信。
- 避免直接斷網或其他激烈手段。
- 若需要限縮網路使用時數，以循序漸進為原則。
- 逐步訂立家庭上網公約，讓孩子學習好的規範，進而培養自我控制力。
- 通知學校導師、輔導老師，進行校園協助。
- 尋求心理治療、家族治療的個人化專業協助。

參考資料：張立人，《上網不上癮：給網路族的心靈處方》（心靈工坊出版）

也可以善用以下國內求助資源：

網路成癮的求助資源：

- 台灣網路成癮防治學會／中亞聯大網路成癮防治中心
  諮詢專線：04-2339-8781 或 04-2332-3456 轉 3606
  網址：http://iaptc.asia.edu.tw/tw/home
  寫信諮詢網址：http://iaptc.asia.edu.tw/tw/contact
- 兒童福利聯盟
  哎喲喂呀兒童專線（提供給未滿十二歲兒童）：0800-003-123
  少年踹貢專線（提供給十三到十八歲青少年）：0800-001-769
- 白絲帶關懷協會
  「家庭網安熱線電話」：02-33931885（想想就想你幫幫我）
  亦提供網路諮詢，網址：http://www.cyberangel.org.tw/tw/
- 台南市教育局網路成癮防制中心

家長專線：412-8185（手機撥打請加上02）
教師專線：06-2525553
緊急求助電話
衛生福利部二十四小時安心專線：0800-788-995（請幫幫、救救我）
生命線：1995
張老師：1980

文章一開始的千依，後來又怎麼了呢？

千依的父母放下「工作很忙」的藉口，開始認真閱讀網路成癮相關書籍與文章，他們真的能保持冷靜。母親主動陪伴千依，父親則每天打網路電話關心千依起居，甚至聊起手機遊戲。他們以正向的語氣，鼓勵她除了玩手機之外，也拿出勇氣面對眼前的困難，並說專業人員能夠協助她更輕易地達到目標。

在心理治療的過程中，我讓千依覺察網路成癮的原因，是把自我認同建立在學業成績以及父母親的目光中；同時，她無法容忍自己失敗，因為那代表自己不好，會得不到父母親的關愛。她不自覺地透過手機遊戲，來驅散內心的焦慮感，然而，「抽刀斷水水更流，舉杯消愁愁更愁」，她的挫敗感日益強烈，成癮也更加嚴重。

透過治療技巧，我讓千依逐漸學會接納焦慮，增加正向情緒，並且接納自己。趁她父親回國時，我安排了家族治療，全家人坐在沙發上互動。他們驚訝地發現，很久沒有一塊坐下講話、關心彼此生活了。我引導家人正向溝通，談到千依一直很努力想讓爸媽開心，他們都哭了。我請爸媽緊緊擁抱千依。

千依有了改變的動機，她學習更多幫助自己走出網癮的技巧。兩週後，她開始上學；一個多月後，她恢復了笑容，而且有了令她滿意的學校生活。

這是我協助千依的歷程。

我看到網路成癮的孩子實在有著無限潛力，在適當的引導下，不僅可以讓自己變得更好，父母親的婚姻關係、親子關係也都一起改善了。

這只是3C時代一個小小的幸福故事。有更多的孩子與家庭，還處在網路成癮的風暴中，或者，「準備好」要進入。

我們的家庭教養，一定要跟得上3C發展的腳步。

沒錯，「智慧型手機」讓青少年感覺很有智慧。

然而，有智慧的是手機，還是青少年？

衷心期盼你有3C教養智慧，教養出「智慧型青少年」！

張立人

台灣大學醫學系暨中國文學系輔系畢業，為精神科醫師，兼任台大醫學系講師及台大醫院主治醫師。專長網路成癮心理治療，擔任台灣網路成癮防治學會理事，所著《上網不上癮：給網路族的心靈處方》，榮獲衛生福利部優良健康讀物推介獎。其他作品包括：《在工作中自我療癒：心理醫生為你解決26個最常見的職場困擾》、《生活，依然美好：24個正向思考的秘訣》、《25個心靈處方》、《如何用詩塗抹傷口？》。

【網路專題1】網路陷阱知多少

文／曾昆一

網路陷阱的形成，與網路的本質息息相關，網路的特性會影響使用行為，而網路陷阱即是透過使用者的習性而形成的，所以在談網路陷阱之前，有必要先了解網路有哪些重要的性質。

網路的特性

網路的特性首要是「易得性」。易得性可以分二部分來說明。一是「上網途徑」，在以往還靠著電話撥接的時候，上網便受到固定住的電話線路限制，然而現在無線上網已經極為普遍，wifi的建置也越來越普及，隨處都可以上網。另一部分則是「上網速度」，頻寬的成長速度是以指數增加，上網速度與日俱增，如今手機已有4G，日後發展成物聯網，還會對我們的生活形成更大的衝擊。於是，現今我們輕易便能上網，不論在家裡、學校、公共場所，隨時、隨地……，也因為上網管道太過於廣泛，造成網路陷阱防範的困難。

網路第二個特性是「立即性」。以往新聞事件發生後，我們是早上從報紙得知昨天發生的事，後來我們可以從電視的整點新聞，快速得知當天不久前發生的事件，而現在網路的即時新聞，則可以看到記者立即的報導。隨著網路社群蓬勃發展，透過非正式的人際管道，事件的傳播速度已更為驚人，往往甚至正式管道尚未發布之前，人們便已經透過臉書、推特之類的社群網站得知消息。網路即時性的特點還可以發揮在人際溝通上。我外甥大一那年，有一次跟剛認識的大學同學約好出去玩，我們問他何時要出發、有哪些人一起去？他說不知道，要看一下臉書。結果在我開車載他去會面的路上，他才不斷透過臉書跟同學確認碰面的時間、地點。古人那種約好時間、地點之後便死死守著不放的「抱柱信」，已不是現在年輕人的行事方式。現在年輕人往往是先有一個粗略的構想，比如什麼時候去哪裡做什麼事，其他的再透過臉書隨時討論。網路的即時性使人們的溝通、交流變得極為快速，甚至還能透過衛星定位掌握人們當下所在位置。將即時性延伸到極致的話，甚至可以預測未來。例如，美國疾病防疫管制局要統計流感爆發狀況，卻發現他們掌握資料的時效比Google還慢。Google 都已經在網站上發布流感分布狀況的訊息了，因為人們在自己稍微出現流感症狀之初，就會上網搜尋症狀、治療方法、醫生等相關資訊，Google

便根據人們搜尋的關鍵字加以分析，統計出某個地方的搜尋頻繁程度如何，而這便可以成為一種警示的指標。又或者，曾經有個網站透過資料蒐集，不只可以讓人們找到最便宜的機票，透過大筆相關資料的收集、分析，還可以告訴你某時要飛往某地的機票現在是不是最佳購買時機，或是可能未來會漲百分之七十，等於提供你未來風險的評估。網路的即時性已經將人與人之間、人與物之間緊密聯繫在一起了。

接著是網路的「**互動性**」。網路能夠在一九八〇年代蓬勃發展，其實奠基在人們彼此溝通的需求上。從電話撥接的時代，就已經有BBS，還有網咖的出現，都是出於對互動的需求，由此可以看出網路的互動性大大提高了網路的吸引力。因此，網站經營者若希望能留住會員，便必須使會員之間的人際互動增加，藉此影響會員對社群的忠誠度，提高會員的參與率，進一步便會增加使用率。而使用率增加，反過來會加強忠誠度，形成一個循環。

第四個特性是「**匿名性**」。匿名的程度可以有不同的等級，在完全不知對方底細的情況下，在網路上互動時我們只能稱對方為「個體」，因為你無法確定對方是一個機器，還是一個人或組織。在無法得知對方身分的情況下，對方可以任意捏造自己的背景資料，甚至連性別也都可以隨意宣稱。因為匿名，我們有可能做出平常不會有的舉動。網路上的那個「你」真的是你嗎？還是你內在不被法律允許、受外界約束的狂野自我被釋放出來了？

平常不會做的事情，會因為匿名降低了風險，變得有可能會做得出來。

接下來是網路的「**難以遺忘性**」。「難以遺忘性」這個詞是從跟 Google 有關的「被遺忘權」而來的。歐盟的法院已經裁定，歐盟公民擁有「被遺忘權」，有權要求 Google 從搜尋結果移除跟自己有關但不正確、過時、不完整的訊息連結。但「被遺忘」不表示那些訊息就灰飛煙滅了。有些網友會將比較勁爆的網路內容截圖下來，這就是網路上最常出現的「截圖存證行為」，如果那些內容後來被刪除，表示這個截圖的價值更高了。另有些人，會藉由爬網軟體的運作，全面性蒐集個人的基本資料、偏好、動向等訊息，一旦被抓取到，即使源頭處刪除了，也難保訊息不會繼續流傳。所以這難以遺忘性是非常慘烈的。

最後是「**難以追蹤性**」。大家總會質疑，在網路上做壞事的人為什麼沒辦法追蹤、把他揪出來？其實的確是可以透過一些技術，做到讓人難以追蹤，但不是完全無法追蹤。一開始會有這種技術，是為了保護記者的報導自由，例如一些戰地記者要將稿子往外發送，萬一一發送就暴露自己的所在位置，可能因而遭到不測，所以為了保護揭發事實真相的記者或其他對社會有貢獻的人，便發展出這種技術。這些讓人難以追蹤的技術，仍然有破解的方法，但需要能力很強大的工具，所以一般人不要期望太高，以為有了對方的 IP 就可以追蹤，其實這的成本很高，尤其對於有備而來的人而言更是如此。

真正的陷阱是長期性的身心理影響

了解了網路的本質特性之後，接著進一步要談談網路的結構性陷阱。

網路充斥著各種資訊，良莠不齊，不良的網路內容當然會對青少年造成危害，但網路世界在青少年身上發生的長期影響，才是陷阱真正所在。

首先是「**弱化思考能力**」。大多數青少年花大量時間在網路上觀看的無非是漫畫、圖片、影片或有趣的遊戲，這些在他們的生活中占有非常重要的比重，其內容並非都是不好的，但都集中在感官刺激而非思考的訓練，長期下來，他們腦子的訓練會比較像是資訊的截取者。以每週十．七小時的上網時數來看，他們等於有很大比例的時間是沉浸在純粹的刺激裡，缺乏思考運作，這對培養理性判斷來說是一種障礙。在這方面，我們應該訓練青少年批判性的思考，讓他們往後面對網路上五花八門的訊息、言論時，懂得取捨，能夠適應。

「**侵蝕真實人際關係的能力**」，是另一個令人擔心的影響。許多父母可能對電腦科技懂得不多，只因為孩子的同學也都在上網，所以覺得應該沒什麼問題，便放任孩子上網。但長時間過度沉溺的結果，孩子可能在網路上的人際關係很活躍，網友滿天下，但現實生活中與人們真實交往互動的機會大幅減少，因而逐漸侵蝕到他真實的人際互動能力，結果在真實世界裡看到心儀的對象卻講不出話來。在這方面，父母應該注意孩子真實生活中時間的分配，不要讓上網時間侵占到對他的成長來說有意義的事情。

當人們過度沉迷在網路世界時，有時會分不清真實與虛擬的差別。**「模糊虛擬與真實世界的界線」**對青少年的影響更是嚴重，因為青少年的腦神經發育還沒成熟到可以完全控制自己行為的程度，對是非判斷的經驗與能力也不足夠，真實與虛擬的界線一旦模糊之後，如果將網路虛擬世界中的價值觀帶到真實世界來，可能會造成難以收拾的後果。為防範這種後果，要先阻止孩子沉迷。追究起來，虛擬世界之所以讓人沉迷，比較大的原因是在其中容易得到成就感，所以將孩子拉回來的方法，就是要讓他在真實世界中找到成就感，可以先從微小的成就感慢慢培養。

隨著網路技術的發展，使用網路所獲得的便利越來越周到，甚至令人覺得貼心，但如果做過頭了，反而會令人反感，便可能形成網路陷阱中**「對隱私的侵犯」**。例如，最近我在網路上搜尋了一個東西，沒想到接下來我上網到任何網站瀏覽時，頁面出現的廣告都跟我搜尋的那個東西有關，這就讓我有點反感了，覺得自己的隱私受到一些侵犯。更恐怖的事是，臉書曾經在網路上做實驗，操作使用者情緒，它先將你的朋友張貼的訊息過濾，只讓你看到帶有某種情緒的訊息，例如快樂、煩惱或悲傷之類的，然後再從你的回應觀察你的情緒受到如何的影響。臉書公布他們這個實驗之後，被外界批鬥了一頓，因為這明顯就是侵犯個人的隱私。

再者，網路這種結構性的陷阱不止於危害上網的人，也可能「造成他人損失」。幾年前美國有一個案例，一位七十五歲的老先生開了一家餐廳，有幾次店裡生意銳減百分之七十五，他百思不得其解，後來才發現原來網路上GoogleMap裡他餐廳的店家訊息是錯誤的，營業時間寫著週六、週日和週一都不營業，難怪生意銳減。他便跟Google打官司，但Google卻說GoogleMap上面的店家訊息是以公眾編輯的方式形成，也就是說每一個人都可以把自己的訊息登錄上去，跟Google沒有關係，Google能做的就只是加強管理。到後來，那家餐廳在GoogleMap上的訊息還是「永遠停業」。

網路陷阱的防範之道

面對這種種陷阱，我們只能自求多福，上網時要多加小心。首先要注意的是「電子郵件」。電子郵件永遠都是入侵的主要管道，在郵件中附加許多有毒的檔案或連結，例如你是個投資人，對方就會寄一個某家公司的財報或分析的ＰＤＦ檔給你，你不疑有他就打開檔案，結果就被入侵了，因為連ＰＤＦ檔案裡都有很多這種漏洞，所以對於不認識的寄件者的信件千萬要留意，可以安裝防毒軟體來過濾網路郵件，減少這類風險。

再者是「**網路遊戲**」。前面已提過，青少年由於腦部尚未發育成熟，是非判斷能力也不足，網路遊戲除了容易使他們沉迷之外，還可能引誘他們犯罪，例如偷盜寶物的事情不時發生，更可怕的是，網路上有些寶物可以賣到百萬、千萬元，簡直像是洗錢的行徑，這就已經變成犯罪工具了，青少年置身其中要小心受到牽扯。

現在已經非常普的「**網路購物**」也是必須小心的項目。我老婆有天上網要買鞋，她看中一雙NIKE的鞋，我湊過去看鞋子長什麼樣，卻發現那個網站有點怪，後來看到有網友說這網站百分之兩千是賣假的。這種販賣假冒偽造產品的狀況，要多加注意。還有一些釣魚網站，擅長用似是而非的手法，例如「CASIO」跟「CASI0」，或「Yahoo!」跟「Yah00!」，利用「0」（零）跟「o」很難區分的狀況來誘騙大家，這就需要大家明察秋毫，多花些心思加以留意。

在「**網路交友**」這部分，其實交友的風險一直都有，以往用通信的方式也同樣存在風險，只是網路交友造成的傷害跟吸引力都更大、更致命。中央大學廖有錄教授透過真實案例，歸納出網路交友十大陷阱，值得參考：

1.單刀直入：加害人主動透露連絡方式以解除網友心防；
2.故作姿態：以欲擒故縱姿態使對方誤認其與一般人不同，而有興趣與其交往；
3.風雅名士：男方以才子自居，搏得女方的青睞；
4.出遊徵伴：網友拋出集體出遊的啟事，徵求同行，但實際情況並不單純；
5.分享心情：加害者安慰被害人，共同分享心情故事，取得信任；
6.釋出善意：主動教對方學習某種技能，或是贈送禮物，搏取好感；
7.死纏爛打：鎖定某一對象，窮追不捨，處處干擾對方；
8.尋尋覓覓：男方搜尋女網友，符合條件就會深談，不合者即走人；
9.情慾探索：藉由略帶性暗示字眼，或從互動過程試試探對方是否為性開放之人；
10.色慾薰心：以援交條件直接利誘。

總之，防人之心不可無，很多人一出門就把自己的動向公開在網路上，等於是將自己暴露在所有心懷不軌的人面前；而我們在網路上的一舉一動，幾乎是「凡走過必留下痕跡」，有心人士輕易就能收集到你的基本資料、興趣喜好等等，所以盡量減少將有關自己的訊息暴露在網路上，是避免遭受網路陷害的防範對策。

曾昆一

畢業於中央大學資管所。曾任職於新竹華邦電子，二〇〇二年起轉任趨勢科技研發部。歷任專案經理、工程服務部協理、ＩＴ協理、新事業開發暨產品行銷協理等職。

【網路專題2】談e世代的網路霸凌

文／張立人

加拿大一名女高中生亞曼達，十二歲時遭人誘拍裸身影片後，持續收到恐嚇訊息，如果不照著做，就會把上空照散播出去。對方甚至用亞曼達上空照當大頭貼，創了一個臉書帳號。朋友不喜歡她、排擠她，她深陷恐懼之中，染上吸毒、酗酒，在字卡上寫道：「我認為自己就是這世界上的笑話」，隨後自殺身亡。

美國一名女大生成績優秀，曾業餘擔任AV女優，沒想到影片一流出，隨即遭同校同學在網上痛批她是「妓女」，女大生疑似受不了壓力，竟然舉槍自盡，震驚社會。

美國一名國中女生對學妹霸凌，只因不滿現任男友曾和她交往。她不斷透過網路傳送訊息，羞辱學妹「醜八怪」、要求她「喝漂白劑自殺」，儘管該學妹休學、轉學，但網路攻擊卻從未停止，最後不堪負荷，跳樓自殺身亡。該國中生說：「對！就是我霸凌她，她自殺了，但我根本不在乎！」

台灣一名高中女學生，向家長透露同學在臉書、通訊軟體上對她言語攻擊，讓她不敢上學。不久，她突然跳樓，導致骨盆腔破裂，與全身多處骨折。

網路霸凌（cyberbullying），又稱為數位攻擊（electronic aggression），或網路騷擾（onLine harassment），是個人或群體以數位方式，反覆且持續針對無法保護自己的當事人進行攻擊與故意行為。

網路霸凌的盛行率在百分之十到四十之間，因年齡與霸凌定義而異。二〇一〇年，美國一項針對四千四百位青少年學生的研究發現，百分之二十曾是網路霸凌受害者，百分之十同時是霸凌者與受害者；二〇一二年英國調查顯示，使用社交網站的兒童與青少年中，近百分之二十曾遭網路霸凌。二〇一四年以來，日本警視廳統計發現，每個月都有超過一百五十件Line霸凌的報案電話。

聊天室曾是網路霸凌主要的場所，近年則以社交網路（如臉書、Line等）、影片分享網站（如Youtube等）為主，網路與電話文字簡訊中也有。網路的匿名性（anonymity）特質，造成網友容易發表偏激、攻擊文字，這些在面對面時反而是不容易講出的話。同時，兒童青少年成天上網，等於隨時暴露在網路霸凌的風險中，在網路上分享生活隱私，卻不知道這些可能被有心人士利用，作為攻擊武器，在孩子發育中的大腦，劃下永久的精神傷害。

網路霸凌和傳統霸凌相比，有許多特點：

1. 受害者通常並不知道加害者是誰、為什麼自己被針對？
2. 霸凌可以在任何時間發生，只要受害者一開啟網路或手機。
3. 霸凌的訊息就像病毒一樣，在網路無限制地蔓延開來，讓人非常難堪，且永遠存在，讓當事者感受到：「全世界的人都知道這件事了！」
4. 霸凌者可能看不到他在受害者身上造成的嚴重傷害，更不覺得需要負責任。
5. 家長因為不甚了解網路交友，孩子發生網路霸凌時，不知如何應變，且容易忽略孩子的反應，因此強化了加害者的行為，認為不會怎麼樣。

遭受網路霸凌的孩子，會有憂鬱、憤怒、難過、挫折等情緒，甚至覺得非常難堪，而害怕去上學。受害者成績較低，課業問題大，還有家庭問題、學校暴力、行為問題等風險。網路霸凌最嚴重的後果是自殺，受害者有較多的自殺想法與行為。綜合近年大型研究，同儕霸凌已被證實和青少年的自殺意念或行為有關；在青少年自殺中，同儕霸凌也是重要因子。和傳統霸凌相比，研究發現網路霸凌和自殺有更強烈的相關性，可能的原因是網路上有許多「觀眾」，對當事者產生更大的心理威脅和創傷；這些霸凌紀錄也繼續留在網路上，導致受害者一再重新目睹與經驗這些詆毀。

如何辨識孩子受到網路霸凌？

受到網路霸凌可能的徵象包含：突然不用電腦或手機；接到訊息時非常緊張；去學校或外面時很不安；用過電腦或手機後，變得易怒、憂鬱或挫折；向家長隱瞞在電腦或手機上的活動；變得退縮，不願意接近同學與家人。

當孩子受到網路霸凌，最重要的應變是：勇敢說出來！避免恐懼與孤立。鼓勵孩子向信任的大人說出這些負面經歷；暫時不理會對方的叫喚或嘲笑，以免擴大問題；鼓勵寫出被霸凌的時間地點與內容，一方面宣洩情緒，一方面提供證據；讓家長看看霸凌發生的網站與過程；請該網站（如臉書）管理者立即調整權限設定，不讓對方持續騷擾自己的線上活動。家長應確認孩子是否感到安全，給予無條件的支持，並詢問孩子如何改善狀況的想法。

接下來，宜和學校行政人員、信賴的老師、或兒童心智科醫師討論這個情形。校方應進行積極介入與通報，在嚴重的情況下，宜考慮短期休假、休學、轉學等。有時候，家長可以和加害者的父母討論，請網路業者移除霸凌訊息。在有犯罪行為、生命威脅的情況下，必須立即報警。

其實，旁觀的網友也扮演重要角色。當網友決定袖手旁觀，也直接導致網路霸凌惡化，因為，不作為（do nothing），也是一種作為（do something），故網友應該挺身而出，支持受害者，並且找大人出面處理。最不應該的，就是加入霸凌的陣容，跟著嘲笑受害者。

如何預防網路霸凌？

家長可以教育孩子什麼是合適的網路上行為，並與孩子討論交友狀況。當孩子在網路中有不愉快或尷尬處境時，仍願意向大人們坦承，並且知道大人們一定會協助處理危機是非常重要的，而這有賴於平日開放的親子溝通。父母可以和孩子討論網路霸凌新聞，強調自己和他人的尊嚴，這些都很重要。家中應訂立手機與網路使用的約定，貼在家中明顯的地方，培養孩子健康上網的習慣。

良好的學校風氣，除了和出席率、學生成就與表現較佳有關外，也能減少同儕衝突。好的「紀律氛圍」（disciplinary climate）——也就是學生內化並且實踐學校價值與規範的程度——能夠減少兒童、青少年霸凌的發生，學生們因此會知道哪些可以做，哪些不能做。在一項研究中，詢問學生是否「喜歡上學」、「在學校覺得安全」、「覺得老師真心想幫助他們成功」等問題，網路霸凌者或受害者較不會答「是」。許多研究也指出，網路霸凌對於加害者與受害者同樣不利。霸凌者與受害者都有較多的憂鬱與較低的自尊，因此，老師們必須展現情緒支持、溫暖與關愛、關注學習、增強學生們的自信心。學校應該提升學生反網路霸凌的知能，透過海報宣傳、演講活動，及早辨認出網路霸凌，並宣導這是不能接受的行為，會受到校規與法律處分。行政人員必須檢視校規，是否姑息了網路霸凌者。

一九八三年諾貝爾文學獎得主高汀，在代表作《蒼蠅王》（*Lord of the Flies*）中描述，一群天真的孩子在空難中生還，漂流到一座荒島，後來竟成為彼此殺戮的戰場，最後生還的拉爾夫「失聲痛哭，為童心的泯滅和人性的黑暗而悲泣，為忠實而有頭腦的朋友小豬，最落慘死而悲泣」。高汀說：

> 「經歷過那些歲月的人如果還不了解，『惡』出於人猶如『蜜』產於蜂，那他不是瞎了眼，就是腦袋有問題。」

協助孩子免於虛擬荒島上的真實暴力，你我責無旁貸！

（本文轉載自《張老師月刊》二〇一四年九月號）

張立人

台灣大學醫學系暨中國文學系輔系畢業，為精神科醫師，專長網路成癮心理治療。目前擔任台灣網路成癮防治學會理事。

07 青少年的生理時鐘與睡眠

文／林詩淳

人的生理時鐘，
比二十四小時還長幾分鐘，
在青春期，生理時鐘後移更明顯。
如何才能維持規律生活，
確保身、心健康？

我們都知道，如果睡得好，專注力、情緒才會好，學習起來才能事半功倍，也才可以讓人在面對環境時有較好的適應。然而，青少年隨著人生階段開展，得開始接受競爭，包括困難度高的國、高中課業、多元的課外活動及人際互動等，為了因應這麼多樣化又須面面俱到的要求，很容易擠壓睡眠時間。明明前一天才挑燈做作業到凌晨，隔天一早又得打起精神，背著書包到校學習，看在關愛他們的家人眼裡，真的相當不忍。

本文將會從介紹正常睡眠歷程開始，繼而進入孩童過渡到青少年時，青少年睡眠隨著生理與外在環境的變化而變化，可能會衍生出哪些睡眠問題，最後則分享睡眠保健的原則，以及該怎麼面對睡眠困擾。

大腦對睡眠的精密運作

既然要談睡眠，就要先了解睡眠的生理運作。睡眠是由大腦所生成並管理，大腦享有睡眠帶來的好處。

幾億年的演化下來，人的大腦已對睡眠演化出相當精密的分工。大腦對於睡眠／清醒的調控，是透過腦部「恆定系統」（homeostatic system）、「晝夜節律系統」（circadian system）以及「清醒系統」，三個系統交互影響而成。

恆定系統反應了睡眠需求，與睡眠「量」息息相關，在清醒之時，恆定系統會累積睡覺驅力，以啟動睡眠狀態。晝夜節律系統則是與睡眠的時間有關，決定了身體何時該睡，何時應該清醒。當恆定系統與晝夜節律系統配合得當時，就可以有個既長又深的睡眠。

而第三個清醒系統，則是負責讓大腦活躍、活動的系統，清醒系統活躍，腦部就會維持清醒、思考能力與注意力。一般來說，該睡的時候就會呈現相對較低的清醒程度，而日常活動時，腦部會因外在的刺激而維持清醒。

睡多久才夠？

從上述的睡眠運作方式可以得知，一段安適的睡眠需要定時與足夠的量，但對青少年來說，要睡多久才算夠呢？國際睡眠協會（National Sleep Foundation）召集了包含睡眠、醫學次專科（包含小兒科、胸腔內科、神經科、腸胃科與婦產科等）與人類發展學門等領域專家，共同商議而達成共識，他們建議六至十三歲的學齡兒童每天應睡九至十一小時，不建議短於七小時，或長於十二小時；而十四至十七歲的青少年每天則應睡八至十小時，不建議短於七小時或長於十一小時。然而根據台灣睡眠醫學會在二〇一一年針對台灣國高中生睡眠的調查結果發現，青少年平均每天的睡眠時數不超過六．五小時，這對於這個年齡所需的睡眠量來說，是不夠的。長期慢性睡眠剝奪，對於情緒和認知能力都會有相當程度的負面影響。

要注意的是，建議的睡眠量雖可供為參考，但會因個別差異而有所不同，除了夜間睡眠量，更應該同時考慮的是白天的精神、專注力是否足夠應付一天所需。倘若你家的青少年白天精神佳，倒也不必一昧要求夜晚達到絕對的睡眠量。

青少年的生理時鐘

良好睡眠的條件，除了「量」要足夠，定時也相當重要。大腦中的生理時鐘系統，即是將睡眠固定在一天中的某一段時間的機制。它能夠讓恆定系統在前半段深睡期後，繼續延續後半段的睡眠長度，增加睡眠的連續性。

生理時鐘的類型會決定人的睡眠型態，分為早睡早起的晨鳥型、晚睡晚起的夜鷲型，以及介於兩者之間的中間型。想當然爾，夜鷲型的人在適應一般學校生活作息上會較為費力。

然而，人類的生理時鐘比二十四小時還長個幾分鐘，如果沒有外在時間線索（像是光線、時鐘等），生理時鐘會自然往後偏移，也就是說，生理時鐘會一天比一天還要晚睡，當然也就更晚起床。人的一生中，會在兩個時間點轉換對於睡覺時間的偏好，第一個時間點在青春期，人會變得傾向較晚睡；第二個時間點則在青少年時期結束時，人又會變回傾向較早睡。

一般來說，生理時鐘可被調整的彈性，也可以在此時納入考量，如果較有彈性，即使生理時鐘被延後了，也容易調整回環境要求的狀態；但若彈性較差，就較難適應外在要求的變化，而較難有滿意的睡眠。

因此在青少年的階段，生理時鐘後移的狀況會更加明顯。這樣的情況對於夜鷹型或生理時鐘彈性較不足的青少年會是辛苦的。試想，在應該睡覺的時間，因生理狀況又或外在任務讓青少年們不能睡，但是隔天仍須在該上學的時間就醒來，這時的青少年恐怕要不是得剝奪自己的睡眠，就是得負起睡過頭而遲到、缺席的風險。

從台灣青少年的資料調查來看，我們知道青少年的睡眠量已經明顯偏少，進一步再從周舒翎二〇〇八年青少年的調查，青少年週末起床時間點平均比週間起床時間點晚了三個多小時，這當然與平常被剝奪睡眠有關，但週末補眠這項行為卻也可能讓偏移了的生理時鐘難以調回原來的節奏。

所以無論生理或是社會環境的因素，青少年的生理時鐘會有容易偏移向後的傾向，如果恰巧孩子生理時鐘的特質是夜鷹型或調整彈性較低的，在睡眠的調適上就會比較辛苦。

預防生理時鐘後移的睡眠保健

尊重個人的內在時鐘

每個人都有屬於自己的生理時鐘特性，理解自己的生理時鐘，可以讓我們在最有精

神的時間發揮效率，處理該做的事。如果是晨鳥型、早睡早起的人，就盡量將重要的事情安排在上午完成，如此最能事半功倍。若是較傾向夜鶯型的夜貓子類型，則把重要功課安排在下午或傍晚較為合適。家長可以請青少年問問自己，在一天當中什麼時候精神狀況最好，做起事情來最能集中注意力，就能知道該怎麼樣安排活動或休息的時間。

在生理時鐘的彈性上，有些人的體質對於生理時鐘的調整相當有彈性，即使是出國時差的調整，或是暑假晚睡晚起，對於他們來說改回一般上班、上課的作息不會太費力。然而對於生理時鐘調整彈性較不足的人，就建議應該採取較為規律的生活型態，或者得預留多一點時間，搭配調整技巧，讓自己適應新的生活型態。

規律的睡眠

1. 睡醒時間規律，睡眠量宜適中

人體的生理時鐘原本就是設計在穩定的環境下運作，每次的作息方式更換，也就意謂身體需要花更多的能量去因應。因此建議睡醒時間應該盡量維持一致，尤其是起床的時間特別重要，週末和週間起床的時間不宜相差過多，並且盡可能維持充足的睡眠量，才能讓身體有適當的機會休息，不至於累積過多的睡眠債。

2.起床時有適當的光照

人體的生理時鐘其實是比二十四小時還要長個幾分鐘，日光恰巧就扮演校正器的角色，讓生理時鐘維持在二十四小時不至於偏離。也因此起床時如果能夠讓戶外光線可以透入，又或是走出戶外接受日照，既可以有固定生理時鐘的功能，也可以讓身體準備並且知道白天已經到了，要精神抖擻地迎接新的一天。

3.精神不濟嗎？小睡力量大！

以現況來說，完成功課要求或是玩線上遊戲、電子產品，往往是壓縮青少年睡眠的主要原因，這會讓他們在上課時精神不濟，此時可以充分應用較長的下課時間以及午休的時間，適時地小睡，往往可恢復精力，以維持足夠的注意力面對下午的學習。如果是前一天為了考試或重要活動而壓縮前一晚的睡眠，可以試著提早上床半小時，讓精神不濟的效果不至於延遲到隔天。當然，最好的方式還是在平常夜間就有足夠的睡眠量，而不是靠白天過多的補眠來因應，不然可是會補到課堂上都睡著。

4.傍晚後避免飲用含有咖啡因的飲料

眾所皆知，咖啡因是中樞神經的興奮劑，若一天中過晚飲用，可能會讓晚上精神仍非常亢奮而延後入睡，所以如果在就寢時仍然沒有睡意，不妨注意一下，別讓這小小的習慣打亂了睡眠規律。

5.睡前遠離電腦、手機等電子用品

電子產品的使用是近幾年來最干擾入睡的原因之一，螢幕上的光線會抑制腦中的褪黑激素，延遲生理時鐘，而手機或電腦的內容也會喚起腦中的清醒系統，而讓青少年更晚入眠。因此睡前的一個小時，不妨引導青少年做些靜態放鬆的活動，例如家人談天、閱讀或是聽聽音樂，維持舒適與光線柔和的環境，讓身體在疲憊的一天後好好入眠。

阿虎今年已經要升國三了，平時下課之後即到補習班報到，晚上九點回家後吃個點心，有時會看看喜愛的課外讀物，有時則是喜歡畫畫，完成作品之後，在十二點上床。到了準備重要考試期間，更是接近凌晨一點才睡。

然而，即使早一點上床，阿虎卻經常要拖到一點至兩點才會入睡。週間時，他得在六點半起床，準備上學。平時在學校裡，他滿常在上午的課堂中打瞌睡。阿虎是個好強的人，心中對於打瞌睡這件事情很在意，每當老師叫他醒來，或同學聊天時不經意地取笑他，他總是不舒服。雖然打瞌睡讓他課業有些趕不上，但他不知道怎麼和家人反映，對於沒有辦法控制自己感到沮喪。

假日時，他就能夠讓自己晚點入睡，隔天則是睡得飽飽，快到中午才起床，整天看起來相當快樂，但到了要上課的前一天，他常感到相當不情願，捨不得上床睡，使得隔天早上更爬不起來，還常有睡過頭的情形發生。

遲到和打瞌睡所造成的影響，讓阿虎在學校很沒有信心，他猜想老師和同學應該覺得他是個懶惰、想逃避上學的人。他自己也不知道究竟發生了什麼事，只覺得每天要去上學都情緒低落，要鼓起很大的勇氣才能走出家門。爸媽也感到相當挫折，一方面擔心孩子是不是抗壓性不足，又擔心每天早上都得與孩子經歷一番衝突，才能夠把他送出家門去上課。

睡眠相位後移症候群

睡眠相位後移症候群是一種睡眠疾患，它的主要困擾症狀包括在該就寢的時間難以入眠，早上又難以起床、嗜睡，很難清醒地完成外在的任務要求，白天經常會感覺到相當疲倦或煩躁。這樣的症狀對於青少年來說，不但在睡眠的質量上難以滿足，也影響到白天的學習能力、情緒以及成績表現。

之所以會有睡眠相位後移發生，主要是因為身體的生理時鐘與外在環境所要求的節奏，在時間點有差距，整個相位往後延遲。以阿虎的例子來說，原本理想的睡眠作息可能為夜間十一點到上午的六點三十分，總共七個半小時，相對來說是合理的睡眠量。但是阿虎的生理時鐘卻把睡眠時間延遲為凌晨兩點到上午九點三十分，但平常上課還是在六點三十分起床，這也難怪阿虎爬不起來，而且睡眠量不足，從而在慢性的睡眠剝奪情況下，阿虎的情緒和專注認知能力都受到影響。遇到週末可能補眠的情況，反而讓他愈睡愈晚，更讓已偏移的生理時鐘保持在後移的狀態。

睡眠相位後移的處理

1. 補眠是改變的第一步

睡飽才有力氣從事改變，除此之外，在做出具體處理之前，也需要一段時間觀察目前孩子生理時鐘的位置究竟偏移了多少，以選擇合適的治療策略。

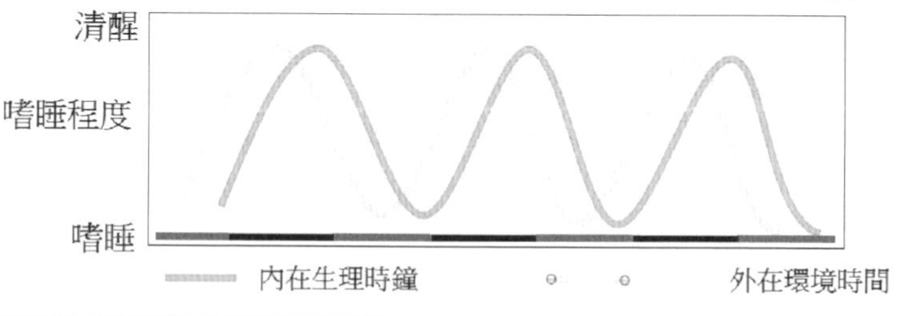

以阿虎的情況來看，可以利用比較長的假日，例如寒暑假，選個五到七天的時間讓他自然睡醒，並且記錄睡醒時間，藉此也可以觀察對他而言，究竟多久時間的睡眠量才足夠。而在觀察了這麼多天之後，可以發現阿虎睡眠的節律時間確實是在凌晨兩點到上午九點三十分，就可以推估出夜晚需要七．五小時的睡眠。

如果以上學時須在六點三十分起床，這代表在晚上十一點阿虎就得要讓自己上床睡覺。接下來介紹兩種改變生理時鐘的方式，讓阿虎的生理時鐘可以與外在環境時間搭配得上。

2.日光調整生理時鐘

上述談到，睡前若暴露在過強的光線（像是電腦、手機、平板），會讓生理時鐘有向後移的效果。但是如果起床時能夠接受足夠強度光線照射，會讓生理時鐘的相位往前移動。

起床時接受光照的策略，適用於生理時鐘偏移較輕微的情況。以阿虎的例子來說，在調整時期，每天早晨起床時接受至少一小時的光照，光照的強度得要是光照機或日光的強度才有效果，第一週可能可以在八點半到九點之間起床，第二週就可以進步到七點半起床。然而要注意的是，早些照光也就表示睡眠的時間得配合著往前提，盡量保持足夠的睡眠量，成功的機會才會高。

倘若入睡及起床時間已經調到理想的時間點，就會進入生理時鐘的維持期，這個階段規律及固定的睡醒作息非常必要，如果能夠做到前述的睡眠保健，與避免假日過多補眠（週末及週間起床時間不宜差距多於一．五小時），就能讓內在生理時鐘與外在環境維持一致，睡眠困擾便得以解決。

3. 時間治療法

時間治療法，適用於目標時間與內在生理時鐘相差過多的情況。時間治療法是利用生理時鐘容易往後移的特性，在夜間利用光照機每天將生理時鐘撥快一至二個小時，直到生理時鐘與目標時間一致為止。

以阿虎的作息來看，時間治療法會安排阿虎的入睡時間每日延後三時，在就寢前兩小時安排照光一小時，隔天也延後三小時起床。起床之後戴上墨鏡，避免過多的光線刺激，直到阿虎的作息時間可調到晚上十一點入睡，早上六點半起床。

一旦作息調到合適的時間，目標就要放在生理時鐘的穩定與維持。將光照一小時移到起床的時間照光，而在睡前兩小時則盡量在亮度低的環境。配合至少一個月的固定作息與睡眠保健，維持平時的睡眠充足，避免假日過度補眠，讓生理時鐘固定下來。

通常進行時間治療法，會建議至睡眠中心與心理師一同討論，透過評估與完整的計劃，才能夠安全有效地達成目標。

青少年的嗜睡

嗜睡是青少年相當常見的現象，而大多數問題通常與夜晚睡眠量不足或是與睡眠相位後移有關，因應的方式就如前述所言。

不過在青少年期，也是下列兩種睡眠疾患可能出現的時期，儘管盛行率較低，但家長不妨多注意這些嗜睡症狀，以免延誤正確就醫的時機。

猝睡症

猝睡症是一種罕見的神經疾病，主因是腦部的神經傳導物分泌不平衡，導致睡眠和清醒的控制出了問題。好發年齡以十五歲左右或三十六歲左右居多。

以下是猝睡症的幾項症狀：

1.白天有過度嗜睡

白天過度的睡意，即使睡眠量足夠卻仍然有難以抵擋的睏意侵襲。經過一小段時間的睡眠即可恢復，但可能二至三小時的清醒之後，又感到昏昏欲睡。

2.肌肉無力或猝倒

會突然而短暫的喪失肌肉張力，輕則頭部低垂、臉部肌肉鬆弛、下巴垂墜、說話不清楚、雙膝無力，嚴重時甚至會四肢肌肉癱軟而跌到。

3.夜間片段睡眠

猝睡症患者儘管白天相當嗜睡，但是夜間的睡眠連續性也不佳，常感到睡眠斷斷續續，淺眠而片段。

4.睡眠麻痺

這是俗稱的鬼壓床，睡眠者在剛入睡或是醒來時，意識已經清醒，但卻感覺到全身肌肉無法控制或無力的經驗。

5.睡醒轉換之間的幻覺

在睡覺與清醒轉換之際，會出現夢與現實世界交錯重疊的狀況，因此感官上會有視覺、聽覺及觸覺上的幻覺產生，這些現象常會使患者感到害怕。

克萊—拉維症候群（Kleine-Levin syndrome）

這是一種好發在青少年時期的疾患，通常由特定病毒感染後所引發。在發作期時，患者一整天除了進食或喝水，幾乎都在睡覺，一天十八至二十小時的睡眠，每次發作至少持續三天以上，甚至長達一個月之久。而且在發作期通常會伴隨認知、情緒、性格上的轉變，像是伴隨有暴食或性衝動的症狀。每次發作的間隔可能長達數月之久。

上述兩種睡眠疾患，同樣會出現強烈嗜睡的情況，常會給患者本人和家人帶來極大的困擾與不適，但這些狀況是可以處理的。提醒大家切莫看輕嗜睡對於青少年情緒、認知、人際與課業所帶來的影響，應及早發現問題，及早至睡眠中心尋求協助，將睡眠健康實踐於生活之中。

和青少年談睡眠

和孩子一同理解睡眠的重要性

跟家中的青少年溝通睡眠觀念前，爸媽可以先思考一下，自己對於睡眠的概念是什麼？如果你的觀念是讀書與成績至上，那麼注重睡眠這件事情就是無解。

這時父母與孩子可以思考的是，健康的睡眠才可能帶來好的學習力，千萬不要揠苗助長，反而讓睡眠剝奪所帶來的嗜睡與生理時鐘偏移，將良好學習的目標愈拖愈遠。

當然除了課業之外，或許也有其他狀況，諸如線上遊戲或是手機社群的聯繫等等，會壓縮青少年的睡眠。這時不妨與孩子一同討論睡眠剝奪的利弊，協助他們做好時間規劃，適時且有限度地使用電子產品，學著平衡自我需求的滿足。

協助青少年建立正確的睡眠衛生習慣

健康習慣的建立，很難是父母用「說」的就能達到效果。最好的行為建立與改變，就是讓他們處在那樣的環境之中。這正是言教不如身教，倘若父母的作息是規律，對於電子相關產品等等的使用態度也有所節制，那麼為孩子規劃與實行睡眠保健習慣的過程，就會比較順利，而且立場站得住，孩子在觀念上也較能學習與服從，較不會有衝突與反抗的藉口。

陪伴孩子一同處理睡眠狀況

青少年雖然外表及行為表現好像已經是個大人，亟欲脫離父母的掌控，但其實真的遇到問題時，他們的判斷與解決方式，仍然需要父母在旁監督、引導。如同真實案例中的阿虎，他不知道究竟發生什麼事，困在周遭人對他的觀感以及無法完成課堂要求的挫折中，自然也無從求援。如果周遭的師長、父母對於睡眠能有基本概念與知識，就不至於對阿虎的狀況有錯誤的歸因，認為他是懶惰或不夠努力的孩子，因而加重阿虎的無力感。

父母若是察覺問題的可能癥結，可以先試著表達對於孩子問題的同理，表示能了解他的很不舒服，並一同討論、釐清他的情況，或者給予相關文章或訊息（睡眠相關訊息可查詢「睡眠三二一，幸福一整夜」部落格），以形成對於問題的可能解決方向，進而陪著孩子一同就醫，或是自助進行行為改變。一路上與青少年一同合作思索如何完成改變，會讓孩子更有力量去面對問題，同時透過陪伴，深刻傳達父母的關心，讓孩子體會睡眠健康的重要。

林詩淳

政治大學心理研究所臨床心理碩士。現為華人心理治療研究發展基金會臨床心理師兼臨床心理主任。曾任署立雙和醫院睡眠中心臨床心理師，專長為壓力調適、情緒管理、兩性情感議題、人際溝通、個人職涯或成長議題、身心壓力暨生理回饋衡鑑與治療、睡眠困擾認知行為衡鑑及治療。

08 如何幫孩子安排課外活動？

文／李偉文

把種子撒在水泥地，
種子怎能發芽？
怎麼做，
才能為孩子營造美好的學習與成長環境？

當前家庭教育最大的危機與挑戰

前一陣子到大型商場的書店辦新書發表會，當我沿著手扶電梯一層一層往上走時，看到一位打扮入時的年輕媽媽，抱著幾個月大的孩子站在牆邊與友人聊天，看到那個小嬰兒對牆上廣告燈箱用手一直往右滑，同時滿臉狐疑，大概覺得怎麼沒有換張圖片，是不是機器壞掉了？

前幾個月也曾到南部某個偏鄉演講，曾跟當地一位輔導弱勢孩子的志工聊天，他說，有個過去幾年下課都會來做功課的孩子有一天忽然沒來，他因此專程去拜託孩子的家人，得到的答案是：「有人送了他平板電腦，現在孩子在家也很乖很安靜，所以不必再去你們那裡了。」

是的，多少家庭把網路與電子媒體當作保母——方便又便宜的保母，保證孩子不吵不鬧，乖乖又安全地待在室內，消磨時間。

不管是不是隔代教養，不管有錢沒錢，這是當代最困難的教養危機。以前只有電腦上網的時代，家長還可以限制孩子的使用時間，可是這四、五年行動上網裝置和社群網站幾乎已佔滿了孩子所有的時間，也影響了孩子在真實世界學習與努力的動機。

有研究顯示，無所不在的數位科技，正在改變我們腦部的結構與生化性質，造成了許多精神失調的行為。而且一心多用，刺激太多，始終沒有給大腦安靜的時刻，也就沒有辦法進行深度思考以及有意義的創造；而且，習慣在虛擬世界晃蕩，也無法建立穩定的人際關係，會逐漸跟現實脫離、與社會有疏離感，甚至因物化而失去了人情的溫度。

當然，善用網路的確可以擴增我們視野，是一種非常方便且有效率的學習工具，可惜孩子一連上網，絕大部分時間不是在玩遊戲，就是在社群網站裡哈啦，長時間遊盪在網路裡，虛擬世界和自己的人生似乎已合為一體。

有專家認為對網路的沉溺和依賴，會造成所謂虛擬人格，因為社交都在網路上，在真實世界中實際與人接觸的機會不夠，使得這些人有較多的孤立感、寂寞感，也缺乏處理衝突的韌性和耐性，挫折容忍力和適應力也會比較差，自我認同也因為和現實的差距而比較不完整。

其實以孩子的成長過程、大腦的發育歷程而言，孩子必須透過感官、肢體的碰觸來認識這個世界，這也就是嬰幼小的孩子喜歡到處摸，甚至將一切可以拿到手的東西塞進嘴巴咬咬看，透過各種方法來認識這個物體的原因。換句話說，孩子必須以具體的感官經驗與直接的操作，來建構抽象的概念，因此，玩耍、自由自在地用各種方式接觸這個世界，就是孩子成長與學習最重要的一件事情了。

其實孩子的學習、遊戲與日常生活是可以合而為一的，家長或老師可以利用視覺、聽覺等感官一起玩遊戲，在快快樂樂的氛圍當中，增加孩子專注力的養成。

專注力對孩子一輩子的學習非常重要，也是當代孩子最欠缺的，因為現在的電子媒體以及線上遊戲以快速閃動的方式，讓孩子的心無法定下來，也就談不上有任何專注力更甚者，孩子缺乏在真實世界玩耍的經驗，恐怕也是造成許多情緒障礙的重要因素。有許多研究顯示，與外在真實世界的互動對孩子的正常發展非常重要，孩子需要有豐富互動的感官環境去看、聽、聞、觸摸到這個世界，才能讓他們的大腦與心智健全發展。今日兒童面臨的最大問題就是不活動，因此，我們一定要提醒自己：離開網路，真正陪伴著孩子一起玩耍吧！

若是家長因為工作太忙，實在沒空的話，可以找幾個家庭幫孩子組成「共學團體」，找幾個學伴成立課外學習團體，或參加社團活動來學會各種能力。別以為學孩在學校就叫作團體學習，那充其量只是跟三十個學生同坐一個教室而已；所以，孩子放學之後的課外時間，千萬要好好規劃。

種子啟示錄

我很喜歡美國自然作家梭羅所寫的一段話：「雖然我不相信沒有種子的地方會有植物冒出來，但是，我對種子懷有大信心，若能讓我相信你有粒種子，我就期待奇蹟的展現。」

的確，種子是很好的象徵，象徵著未來，也象徵著希望，就像是我們的孩子一樣。我們希望種子能發芽茁壯長大，正如同我們希望孩子能順利成長，貢獻社會。假如孩子就像

是我們握在手上的種子，我們要如何對待它，這就像我們該如何陪伴我們的孩子，種子才能發芽，展現大自然的奇蹟？

種子可以提醒哪些很重要、但是我們卻忘記的事呢？

首先，我們要把握在手上的種子撒出去，讓它接受風吹日曬雨打的考驗，握在手上永遠無法發芽。同樣的，我們要懂得放手，讓孩子在生活中流些淚、流點汗，甚至受點傷，讓他們在挫折中成長、在失敗中學習，跌倒後自己站起來的經驗，可以讓孩子建立起真正的自信。

第二點，種子這個象徵提醒我們的是，當我們把種子撒出去時，可能會撒在水泥地上，這就永遠不可能發芽；也可能撒在缺水的沙漠，要發芽很困難；當然，我們期望是撒在肥沃的土壤裡，很快就能茁壯長大。

跟種子一樣地，孩子是沒有自主權的，我們幫孩子安排到什麼環境，他們就只能在那樣的環境裡成長。環境對人的影響非常大，我們都以為人是理性的動物，有獨立思考的能力，不過那些都只是關起門來自己一個人在房間裡才可能存在的，當我們離開房間，跟別人在一起，每個人都會受情境影響，最終我們都是環境下的產物。換句話說，人雖然有能力選擇環境，有能力改變環境，但是當我們住進去之後，環境就反過來改變我們了。

二千多年來華人家庭教育最偉大的典範孟母，也抵不過環境的影響，乃至於三遷，所以幫孩子找到適合成長的環境，的確是父母親最重要的責任。

環境除了具體的空間之外，還包括孩子接受的訊息以及交往的朋友，這算是虛擬的環境，但對孩子價值觀的形成有非常關鍵的影響。家長一定要在還來得及的時候，也就是們還能夠安排孩子生活的情況下，幫他們找到品行好、認真積極的好朋友，然後讓他們一起學習，一起成長。這個任務不太容易，但是絕對值得父母投注最多的資源與心力，以建構這樣的環境。

種子給我們第三個提醒就是，雖然孩子是我們跟配偶所生的，但是他跟父母是不一樣的，不能因為我們認為當一棵大樹最好，可以貢獻社會、被大家仰望，就期待他長成一棵大樹，可是假如孩子天生是一棵仙人掌、一朵小花，一棵小草，那該怎麼辦？

孩子希望討我們的歡心，因此努力地成長，希望符合我們的期待，但因為他原本就不是樹，最後終究會長得很扭曲，也很痛苦，所以我們只要找到適合的環境，就讓孩子自在地成長，他是大樹就長成大樹，他是一朵花就長成一朵花。

我覺得這三點，是父母在陪伴孩子成長過程中，很容易忘掉，但是卻非常重要的事。孩子就像是呵護在我們手上的種子，是的，只要我們適當地對待這顆種子，我們就能期待奇蹟的展現。

如何帶孩子進入大自然

對大多數上班族父母而言，總是會利用星期假日或年休長假時，帶孩子去郊外玩，好彌補平日忙於工作沒有空陪孩子的愧疚心情。因此，台灣只要稍微有點名氣的風景名勝或遊樂區，在假日時往往擠得人山人海。

這一大群為了盡責任的大人與孩子，除了大半時間都在路上塞車之外，到了目的地也只能拍幾張相片證明到此一遊，然後隨著人群擠進餐廳，吃喝一頓後又擠入車陣中。

每次只要想到人潮中的孩子們，就很替他們心疼，大人的身高與孩子乍看沒差多少，但是我們可以設身處地想一下，假如我們身邊一公尺內擠了七、八位高我們一個頭、兩個頭甚至高一倍的「巨人」，我們的視線總是被人牆擋住，只能看到別人的背部或大腿，連續走了幾個小時都還是如此，我們一定會覺得非常不舒服，情緒也會非常差。

因此，在連續假日或長假時，我們一定不會帶孩子往人多的地方走，其實，我們不常帶孩子到什麼著名的風景名勝，不管什麼地方，只要懂得欣賞，只要心情對了，就會有一個很棒的體驗；反而許多知名的地方，總會加入了太多人工的設施，太多刻意塑造出來供你拍一張「到此一遊」相片的設置，就像原本天生麗質的美人，變成了塗抹太多胭脂的酒國名伶，增添了許多的庸俗。而且，台灣因為多山多溪流，幾乎任何一個住家附近三十分鐘路程之內，都可以找到一個富含自然元素的「祕密花園」，因此，最好能常常陪著孩子在住家附近的小公園中玩耍、散步。在不同季節撿拾一些特別的植物果實或種子。譬如說，會飛的種子最吸引孩子了，大葉桃花心木的種子附有一大片彎彎的葉子，往上一丟，像直昇機螺旋槳一般姿態萬千的飄落；或者和孩子比賽看攔截飄在空中、包在棉花裡到處飛的木棉種子，看誰攔到最多；另外，有許多長相很特別的毬果以及各式各樣的莢果或顏色漂亮的豆子，也是尋寶的對象。

有時候我們會找幾種不同的場地，例如草叢、竹林或森林、溪邊，讓小朋友們自己挑選認為最會吸引昆蟲來吃果皮的角落，仔細地擺好那些我們吃剩的水果皮與殘渣，然後傍晚之後再來看，比賽誰的果皮上有最多的昆蟲，這是我們稱為「蟲蟲大餐」的比賽。

她們也會好奇為什麼有的地方蟲多，有的地方又會有特別多種的蟲蟲？

通常我是不會給答案的，要她們自己猜，自己找可能的原因，同時也引導孩子尋找、觀察，蟲蟲來享受孩子準備的水果大餐之前住在哪裡，牠們通常都吃什麼？

於是，原本毫不起眼的草叢樹林，在孩子一次次仔細觀察後，興奮地發現：原來有好多好多的生命在裡面成長著。

透過遊戲，孩子們感受到大自然的豐富樣貌，以及生態系、食物鏈的關係，我不喜歡孩子們以背誦課文的方式來學習這些知識，我比較希望孩子能經由親身觀察而得到這些體會。

很多家長會擔心自己的自然知識不夠，無法辨識植物或昆蟲的名字，可是我覺得即便我們不知道任何自然知識，我們也可以陪著孩子看看天空，看黎明與黃昏的彩霞，看浮雲，看星光。你也可以陪著孩子聽聽風聲，聽大自然裡各種細微的聲音。

我們可以陪著孩子一起，重新使用眼睛、耳朵、鼻子和指尖，讓很久沒有仔細感受的器官活起來。即使我們不知道鳥的名字，我們還是可以欣賞牠們動人的姿態，即使我們叫不出任何一顆星星的名字，我們是還可以體會到天空的壯闊與美麗，以及宇宙的神祕。

我們希望讓孩子從小就能親近土地，感受到大自然的豐富與神祕。大自然的生命力，正與孩子蓬勃茁壯的生命相合。不要讓孩子整天擠在水泥叢林裡，沒有窗戶，沒有風景，沒有陽光，視野始終被限制在三公尺、五公尺之內，忘記其實在屋頂之外，我們的頭上還有星空。

的確，當我們失去了星空，失去對浩瀚天體的無窮感的體驗；當我們的孩子失去了晚上到森林裡傾聽與觀察各種生物的機會，那種遇見生命的感動與想像力與創造力的萌發，也會逐漸在成長的過程中一點一滴失去。

陪著孩子在自然中散步，只要有一顆安靜不急躁的心，大自然就會引領著我們，體會它的美好，知道一切我們該知道的。

很多家長會去給孩子買個望遠鏡，但是我建議，可以買個自然觀察專用的放大鏡。

因為透過望遠鏡，是疏離的，但是以放大鏡看自然裡的小花小草、石頭及各種可愛的小生物，除了是一種參與，同時也會有在原本平淡無奇的事物中看到另一個世界的體會。這種體會與樂趣，對孩子而言是很珍貴的。而且，放大鏡便宜又方便攜帶。

另外我也建議，與其讓孩子用相機拍照記錄，不如讓他們用鉛筆和素描本，同樣的，相機只是單純的記錄，而素描是一種主動學習。這怎麼說呢？試想，即使你為了用相機拍照，仔細觀看了兩分鐘，但是兩分鐘一到，學習即結束；但是在素描時，我們大腦必須與過去經驗結合，這就是主動探索與學習的歷程。

孩子到了小學高年級，我們會在寒、暑假會設計主題式的探索，一方面可以為孩子留下比較深刻的印象，甚至協助課業上有關鄉土方面的課程，另一方面，經過系統規劃的活動，進而成為寒假作業報告時，更可以引起老師的驚艷讚賞，增加孩子的信心與學習動機。

所謂主題式的探索，譬如很有系統地把流經都市的河流好好走一遍，觀察有多少老街附近是古代的河岸港口；或是安排將都市附近的山陵步道全都走一次，或是把城市裡的所有博物館、美術館完整地玩一遍等等。

若是孩子再大一點，可以依興趣做城市觀察，譬如在淨空的都市中拍攝自己喜歡或具有某些特色的建築物，或者去踏察住家附近有那些老樹或寺廟。這樣的安排，不但有趣，又不花錢，甚至可以藉此鼓勵孩子自己安排探索的計劃，藉此給他們主動學習的機會。

若是孩子還在幼稚園或小學中低年級階段，還不適合這種帶有知性的探索時，也許只要到住家附近的公園、溪流、森林步道輕鬆自在的走走就很棒了。重點是，不要到人擠人的地方，腳步要放慢，開放我們的五官，重新聽到蟲鳴鳥叫，感受到風接觸皮膚的感覺，聞聞樹葉與花朵的味道。

美國詩人惠特曼曾經說過：「現在我知道造就最好人才的祕密，就是在野外成長、與大地一起作息。」這如同梭羅所寫的：「不管是有生命的，或無生命的，我們都是與整個自然世界相連結，要達到和平寧靜與成功，我們需要與宇宙合而為一。」這種人與自然的關係，在現代社會裡，對孩子平衡的情緒發展，我相信是愈來愈重要的。

藝術欣賞到自然體驗

台灣這幾年在人才培育的方向積極轉向創意與設計，因為在科技日新月異且不斷複製之下，產業的競爭力關鍵在於美感的追求，而美育的核心就是藝術的欣賞與創作。

但是除了商品的設計之外，對於一般社會大眾而言，人為何要欣賞藝術？藝術的價值在哪裡？

著名詩人紀伯倫曾說；「我們存在是為了發現美，除此之外，只是等待。」的確，在人類漫長的演化過程中，從狩獵時代與野獸搏鬥掙扎求存活，到今天高度的文明，哲學家懷海德曾經這麼形容：「自有人類以來，不知道有多少落日時光，忽然有一天，看著西方的落霞，而『呀』了一聲，人類的文明自此開始。」

懷海德認為，野蠻與文明的分野，始於對自然美好的感懷與詠嘆，換句話說，這種對美好的感受與生存的實用價值是不同的。因此，哲學家康德這麼定義：「美是一種無目的的快樂。」這提醒我們，若是所作所為都考量到「實用目的」的時候，就喪失了美的可能性。

我覺得透過藝術的欣賞感受到美，在這個變化迅速的時代更有其不可或缺的價值，因為人們藉此接觸到比這短暫人生更為宏大，更為長久的事物，可以安定我們浮躁的心情，並且連結到整個人類共同的心靈互動。

不過在從事藝術教育的過程中，許多人不免好奇，一件作品到底是藝術，還是工藝品，兩者如何區分？一般而言，美育課程所包含的繪畫、音樂、舞蹈、戲劇等等行為，通稱為藝術。「藝」與「術」這兩個字，都含有很強的技能、技術的意義在內，但是工匠和為藝術家的區分，在於觀念的創造以及思想情操的表現，也就是從單純的技術層次提升到思想或情感。

換句話說，藝術的開始，往往都是情動於中，我們可以明確地說，沒有感動，就沒有藝術作品。因此「美」的感受，往往就是自己生命內在的經驗、記憶、渴望或理想，換言之，藝術作品的創作或欣賞，都是每個人自己內在生命品質的呈現。

這也就是著名詩人、也是個藝術家與美術教育者席慕蓉會所說的：「如果一個孩子在他的生活裡沒有接觸過大自然、譬如摸過樹皮、踩過乾而脆的落葉，我就沒有辦法教他美術，因為，他沒有第一手接觸過美。」

我也認為，美的教育並不等於美術課，美應該是生活的、全面的，如同美學大師蔣勳所說的：「少一點美術課，寧可帶孩子到大自然，一個孩子去凝視一朵花的綻放，恐怕比美術還重要。」

藝術作品，是藝術家被真實世界的美所感動，希望把這種感動存留下來，於是藉由不同的媒介（繪畫、雕塑等），對這種不可挽回的美所做的無可奈何的努力。因此對於沒有這種經驗的孩子而言，要回應藝術家心中的感受，其實是很不容易的。或許這也是梵谷說這段話的原意吧：「人應該去聆聽自然的語言，而不是畫家的語言，對真實事物本身的感受要比對畫作的感受要美得多了。」

曾經有人請教畢卡索：「如何欣賞藝術？」畢卡索回答：「為何不先去了解鳥兒的歌

聲？去愛這朵花，去愛圍繞身邊的一切事物，試著了解它。」

帶孩子到大自然裡去，大自然的體驗除了可以豐富孩子真實的經驗與想像力、創造力之外，還能提供孩子新的生命力量，以及與萬物合一的連結感，這將會是家長給孩子最重要的生命大禮！

課後要不要學才藝？

近年有一本暢銷書《讓天賦自由》，作者提醒大家要找到屬於自己的天賦，如此才能活出生命的意義，這也是人類社會能夠不斷進步與發展的來源。他把每個人獨特的生命歸屬用「天命」這兩字來描述，指的是「喜歡做的事」與「擅長做的事」能夠相互結合的境界。

這兩件事情，表面上看起來似乎理所當然；事實上，絕大多數的人，一輩子花最多時間所做的事情，往往不是自己最喜歡的，也不見得是最擅長的，因此活得不快樂，無法充滿熱情與活力地面對每一天。

我相信每個家長都希望自己的孩子能夠幸福快樂，焦慮的家長愈是想幫助孩子，反而讓孩子離自己的「天命」愈遙遠。我想，這是因為許多父母都有先入為主的觀念，認為孩子必須選擇哪種職業，獲得哪些能力或身分，才能追求到世俗認定的「成功」，這反而壓抑了孩子真正的天賦與興趣。

根據統計，絕大多數孩子學才藝，是由爸爸媽媽建議與決定的，因此，身為家長，就要反省我們讓孩子學習才藝的動機。我覺得所謂才藝，目的是在提供孩子豐富的生活與開拓生命視野的機會，同時透過多元的嘗試，引導孩子發掘潛能，培養出一生的興趣。孩子學才藝若只是被當成升學加分的管道或父母炫耀的方式，實在是太可惜了。況且，太重視分數與學習成果，往往會扼殺孩子的興趣，反而得不償失。

同樣是才藝，有些可能因為技術的反覆操練，成了孩子的夢魘，但也一些，有機會成為陪伴孩子終生的興趣，讓他們更能品味生活，成為生命的活水源頭。其間的差別或許只是家長的態度與孩子自己的感覺。

因此，當家長在幫孩子選擇才藝課時，要仔細觀察孩子與生俱來的氣質，看他們活動量高低，生活的規律性或敏感度等等。不過說實話，要判斷孩子的性向與氣質趨向並不容易，很多時候是家長自己內心補償心理的投射或一廂情願地自以為是。所以，我們要讓孩子多方嘗試，也要讓他們有放棄的自由。

不過也要注意，當孩子想放棄時，是否有其他非興趣或學習上的原因，也許是孩子不喜歡老師，或者老師教法孩子不適應，甚至只是才藝班某個孩子會欺負他等等，若確定不是這些因素，再看他學習的狀況來協助。

假如孩子對某種才藝有高度興趣也具高度能力，那麼要注意他學習的瓶頸以及進階師資的選擇；若是高興趣低能力，那就當做是興趣，培養欣賞能力即可；若是低興趣卻高能力，就要想辦法激發孩子學習的熱情；若是低興趣又低能力，也就不要勉強孩子，可以放棄做其他的嘗試。

相對於讓孩子到才藝班學習，我反而比較喜歡鼓勵孩子從參加不同的社團中學習各種才藝。不管是學校裡的社團，民間團體的兒童團隊或社區裡的共學玩伴，因為社團活動幾乎是不花錢，與才藝班一堂課數百元至千元的學費相差非常多，所以在社團裡沒有家長或老師那種必須時時檢視進度與成效的壓力，更重要的是，在社團裡多了很多人際互動，彼此之間是共同努力互相合作的伙伴，而不是互相競爭的同學。

當孩子沒有壓力地在社團中，很高興地玩了一學期又一學期，這時候再視情況協助他們突破技術上的瓶頸，幫忙找專業老師輔導學習，到了這階段，因為孩子已經產生真正的興趣，再花大錢才有效果，也比較值得。

如果孩子在求學階段，沒有特定的偏好或傑出的表現，這時候父母親有機會就盡量讓孩子接觸更多不同的活動與多元學習，然後有耐心地從旁觀察。

若是一時還想不出真正喜歡做什麼也沒關係，很多人甚至要到畢業進入社會，工作好一段時間後，才慢慢顯露出自己的天賦。不知想做什麼事時，只要把手邊該做的事確實地做好，把這個階段接觸到的技術或能力好好掌握即可。

我認為人不要太功利，壓縮了正常成長的歷程，太匆忙地跳過該有的經歷。有時候，跌跌撞撞反而比抄捷徑更能活出生命的精彩與美好。

陪孩子認識世界

許多家長希望藉由出國旅行讓孩子有國際視野，可是我認為所謂「國際觀」，並不是讓孩子認識幾個國外著名的景觀或建築物，也不是參加一些夏令營，和國外的孩子一起在營隊裡玩遊戲，或者一大群台灣孩子到國外教室上幾堂英文課，就能有更開闊的視野。

國際觀也不只是知識上對外國的首都、物產、人口如數家珍，甚至即便讓孩子讀著與外國學生一樣的教材，也不見得就能具備國際視野。該如何把可以背誦的知識，變成孩子實際生活中的體會，這種與生命經驗及情感的連結，才是讓孩子主動學習的動力。

我通常會利用生活中的機緣，比如看看周圍有哪些親友曾經到哪個國家，就請他們與孩子分享;新聞時事、學校課程中提到哪個國家,就找與那個國家或民族有關的紀錄片來看。

因為有效的學習一定要先引起動機,學習內容若是與平常生活有關(比如自己的親戚朋友),或是能激發孩子的感情或情緒,如此一來,學習的內涵不僅較深,記憶也較持久。

在國際觀的培養上,我覺得最便宜也最有效果的方法,是挑選適當的影片和紀錄片與孩子一起觀賞。

從各國影片的欣賞中,自然而然讓孩子們看到不同地區的環境、不同民族的文化習慣,還有不同國家的孩子們所面對的問題。這樣才有機會體會其他國家孩子的想法,像這樣知道別人怎麼想,也能了解他們為什麼會這麼想,才是真正的國際視野。

面對現階段的全球化競爭,學校的課程早已沒用,因為這些課程是針對十九、二十世紀的工廠需求所設計的,培養的是一致化的人才;學校老師的主要任務是教書,讓每個畢業生具有規格化的知識,適合生產線使用。現在社會的需求強調人才的多元差異,重點應該從教書轉換到教人,老師的角色不只是給予正確答案,而是要讓學生成為學習的主體,鼓勵他們發揮思考力與創造力,從實務經驗中探索世界,包括做志工、參與社團活動、實習、做交換學生、從事國際交流,以及更多的社會關懷與公共參與,從中獲得足以面對挫折的信心與勇氣。

身為全球化時代的家長，有責任把孩子帶到世界的面前，讓他們自由自在地探索，甚至必須敢於放手，讓他們獨自去闖盪、冒險。父母只要讓孩子知道，當他們有需要時，父母就會在身邊；在具體操作上，也應該要退後幾步，在孩子的後方注視著他們，陪伴著他們。

我發現周遭敢於主動放手的家長並不多，總是東擔心西掛慮的，甚至永遠幫孩子打點所有的事物，幫孩子決定一切。在過度保護之下，孩子沒有機會練習，到後來也沒有勇氣嘗試。

跟隨著孩子旅行，父母站在後面，讓世界在孩子面前開展，或許是父母與孩子共同學習與成長的起點。

再忙也可以當個了解孩子的父母

新加坡著名電視劇「小孩不笨」裡的爸爸下班回家跟小孩子講的第一句話是「你吃飯了沒？你吃飽了沒？你功課做完了沒？」三個問號巧妙道出親子之間最頻繁的「話題」

與「問題」。

我知道很多父母也很想跟青春期的孩子有良性的互動，但是一方面孩子根本不想理大人，同時父母似乎也找不到什麼話題，即便大家都在家，也是看電視或各做各的事。

因此，我們家有一個習慣，從孩子上了小學高年級以後，每天下班回家見到她們所說的第一句話一定是問：「今天有什麼好玩的？」然後就輪流分享一些當天發生的趣事。因為我知道隨著進入青春期，孩子開始會有許多剪不斷、理不清的煩惱，若是將這些負面情緒加上逐漸加重的功課壓力一併帶回家，對身心健康以及學習效果不好；另一方面，我也藉著這個問題提醒自己，將白天所遭遇的種種事情逐一過濾，轉化成正面樂觀且值得記憶的故事。這種打招呼的方式已變成我與女兒間的一種儀式，養成了我們即便經過一整天的辛苦與忙碌，回家之前也要把所有不舒服的情緒留在門外的習慣，讓全家人共處的時光都充滿快樂、溫暖的力量。

同時，久而久之，這也讓孩子養成正面積極看待事情的態度，不會變成憤世嫉俗、只會埋怨的憤青。另外，在她們上床就寢時，我也會溜進她們房間，擠到她們床上，跟她們聊個十多分鐘，這時候我們談的主題通常是今天新學到的知識或訊息，因為我也想藉此養成她們一個習慣：能夠自覺地回顧今天的見聞，檢視有沒有虛耗掉大好光陰。我總是覺得，父母能留給孩子最好的禮物不是有形的財產或物質享受，而是好的生活習慣與價值觀，這些無形的禮物除了來自於身教典範之外，其實也必須藉助生活中點點滴滴的互動中來培養。或許是因為與孩子相處的每個時刻，我們都是在聊天，除了評論所思所學之外，更多的是內心的感受，所以雖然我工作或社團的事務很多很忙，與孩子共處的時間非常有限，但是孩子卻願意跟我們分享她們生活中的大小事，大概就是來自於我們家這兩個習慣吧！

而且，我們家沒有電視機，但是會挑選適合的影片，用投影機大銀幕在類似電影院的氛圍下，全家人一起很專注地欣賞，然後趁著被感動，心最柔軟的時刻，分享彼此的感想，這是拉近親子心靈距離的好機會。不過要注意的是，父母不要趁機教訓孩子，那些充滿道德八股教條的話語，正是孩子受不了父母的主要原因。

當父母真的理解孩子最關心的事，並且能感受到他們的煩惱與不安，好的家庭氣氛才有可能出現。愈是忙碌的父母，愈要珍惜每個與孩子相處的時間，最好能用心安排，一起從事彼此都有興趣的活動，從活動中很自然地親子交流。

若是每次回家時都已經太累，實在沒有精神與孩子作積極、正面且愉快互動時，一定要偶爾請假，養精蓄銳，安排值得紀念的特別時光或可供回味的經驗，比如一起探險，或別出心裁的慶生等等。

對於大人而言，忙碌的工作會使得時間過得非常快，在不經意之中，一年又一年時間就過了，但是對於每分每秒都在成長變化的孩子來說，每個階段都是永遠不再有的時刻，工作可以重新開始，但是孩子長大了是無法重來的。

若能夠調整上班時間或起床作息，陪孩子上學或許是難得的互動時刻。有個朋友說，他女兒上高中大學時，每天早上由他開車接送，在車上是與孩子相處聊天最佳時刻，沒有閒雜事務干擾，而且兩人「肩並肩」的相處形式取代了「面對面」的緊張感，孩子通常在這種情境下也會比較容易敞開心胸。

當然，不只是開車可以創造這樣的「親密神聖空間」，一起洗澡，一起洗菜煮飯也都可以，相信若我們用心，在我們忙碌的生活中，每個星期安排幾段這樣的時間，應該也不會太難的。

不要嫌太麻煩，愈是忙碌愈是要用心安排與孩子互動的時間，可能的話，在日常生活中創造出一些儀式性的時刻，同時每年也要來幾次特殊的珍貴時光。在這個愈來愈商業化的消費時代，再加上我們的社會結構及住家環境也改變了，若沒有特別注意，孩子每天過的日子都會一樣，生活在這裡跟住在全世界任何地方都會一樣。因此，父母親應該要仔細想想，用心營造一些屬於自己家庭的傳統習俗，這些童年的溫馨回憶，會是陪伴他們一輩子最珍貴的財富。

李偉文

牙醫師、作家，也是環保志工、荒野保護協會榮譽理事長。座右銘是「一生玩不夠」，生命中最期盼獲得的禮物是「慈悲」與「智慧」。智慧的追求透過閱讀，慈悲則靠號召朋友從事公益服務來實踐。因此，生活的重心是「閱讀、朋友、大自然」。一路陪伴雙胞胎女兒成長的李醫師說：「只要準備好適當的環境，或是鋪陳出恰當的氛圍，孩子就會朝著我們『設計』的方向前去。」又說：「教養孩子最高的目標應該是——孩子以為他是自由自在，海闊天空任遨翔的；可是不管他怎麼選擇，都逃不出我們如來佛的手掌心——要做到這種彷彿不在，就必須無所不在。」李醫師著有《教養可以這麼浪漫》、《電影裡的生命教育》、《閱讀：最浪漫的教養》、《教養，無所不在》、《自然課可以這麼浪漫：李偉文的200個環境關鍵字》、《看新聞學思考：增進孩子對世界的理解力與智識力》等書。

第四篇

突破文化與代間的教養枷鎖

——教養經驗談

教養不只是跨世代的議題，這年頭，還是個跨文化的議題。

二〇一二年，林書豪意外在美國職籃嶄露頭角，大家都在問，林媽媽——吳信信女士是怎麼教出這樣出色的兒子的？她與妹妹，知名兒童精神科醫師吳佑佑的家庭裡，有什麼動人的教養故事？

09

遇見青少年——從NBA林書豪的家庭說起

文／王浩威、吳信信、吳佑佑

本文是一場座談實錄，由王浩威醫師主持，吳信信女士、吳佑佑醫師，將分享他們的教養故事。

王浩威：站在亞洲人的立場來看，運動對我們而言是一個很不熟悉的領域，因此我們看到林書豪的例子會頗為驚訝，為何一個亞洲的家庭，居然容許自己念哈佛的小孩往職業籃球去發展。前幾年掀起熱烈討論虎媽也剛好是華裔背景，而專家已經告訴我們，教養永遠都要考慮文化的因素，因此我們對於林書豪的母親，吳信信女士在教養上抱持的態度感到相當好奇，尤其他們處在兩種文化之間，如何拿捏，更是比一般父母困難。

吳信信：教育並非我的專業，我可以分享的只是我個人在教養子女上的一些原則。我自己是個基督徒，《聖經》上提到「孩子是神的產業」，對我影響很大。神賦予我們每一個人獨特的本質，有個人的自我，每個人要走的路也都不同。就如同所有的父母一樣，我們在孩子的成長當中，也有很多掙扎。譬如我非常喜歡音樂，但是小時候學鋼琴的時候，會故意把琴譜丟在公共汽車上不帶回家，這樣回家就不需要練琴了。長大以後實在悔不當初，所以我有孩子之後，就很希望他們能夠學琴，除了音樂是我的愛好以外，它也可以陶冶性情，是一個好的娛樂，另一方面，我也期待他們能在教會司琴。我的孩子也的確有一些些音樂的天份，譬如老大小時候，他的小提琴老師覺得他有絕對音感，因為三歲大的他就可以聽出自己拉的音不正確，然後調整手的位置。可是他不喜歡練琴，每次一練習就鬧，搞得大人責罵、小孩哭鬧，家裡氣氛很糟，簡直是大家互相折磨。後來我想，既然叫他們練琴是浪費時間又浪費錢，還危害親子關係，那不如就結束吧！

我覺得那個決定是對的，因為他們不是我，我雖喜歡音樂，但他們不喜歡，所以我不能把自己的喜好強加在他們身上。就像我其實並不那麼愛籃球，可是他們喜歡，為此我花很多很多的時間開車載他們去打球，在球隊上幫忙。孩子現在回想起來，會謝謝父母對他們的支持，因為你放下自己的期望和喜好，而且花時間跟精力在他們的成長過程中陪伴，孩子們會記得，而且珍惜。

這世界上沒有完美的父母，我可以列出一大堆自己為父母做過的錯事，但因為孩子知道我們愛他們，所以他們會原諒我們的錯誤。孩子做錯事時，我們當然也會處罰，但是他們知道我們處罰他們是因為愛他們，只要親子之間能夠這樣互相了解，我覺得其他事情就好談了。

王浩威：你說到「神的產業」，我相信很多爸爸媽媽也有宗教信仰，可是不見得會好好去思考《聖經》的每句話，那麼你怎麼樣去領悟到原來孩子不是屬於父母的，而是屬於神的？

吳信信：華人父母都覺得要養兒防老。我把你養大，你將來要回饋我、養我，這種出發點常常只是為自己好：我今天希望你讀好的學校，是因為將來才有好的工作，有了好的工作，可能我面子上比較好看，或是可以賺很多錢回饋我。很多時候，我覺得父母多多少少會有這種面子上的虛榮，特別是學歷越好的父母，對孩子的要求就越高。在亞洲，或者在台灣，大家都是一路激烈競爭高位，對自己和孩子的要求都很高，因此會覺得如果孩子書念得不好，或是自己的配偶不夠優秀的話，在同學會的時候會覺得臉上無光。

我覺得這些都是從自我的觀點去評價，但是如果你回歸到孩子身上的話，就會去想什麼事情對「他最好」。不是每個人天生就會念書，就一定要進名校。社會的每一個階層都需要有人，在不同的階層不表示他這個人不好，而是他要把神所賦予他的、屬於他的能力發展到極限，這才是最重要的。

吳佑佑：我並沒有宗教信仰，但我以旁觀者的角度來看，覺得可以將基督教的神比擬成「沒有條件的愛」。做父母親的在面對子女的時候，何嘗不就應該是沒有條件的愛？很多時候，父母對子女的愛好像會因為孩子的行為而有變化：你做了什麼，所以我愛你；你沒做什麼，我便不愛你。其實父母跟孩子都應該了解，行為不等於個人，所以我們可以說：你打人、不講實話，我不喜歡你這個行為——但我不喜歡的是你「這個行為」，不是不喜歡「你」。換句話說，你是我的孩子，我生下你，就是愛你，那個愛是沒有條件的，或許我姊姊信便是完全了解到那個無條件的愛，因此抱持「你不需要做什麼，我就是很愛你」的信念去愛孩子。

就以他們打球的事情來講，我姊姊可以不睡覺、開幾個小時的車送他們去打球。我還曾經接過她一通電話，說她現在正在開車，但是她快睡著了，要找人講話才不會真的睡著。那時他們到處去打籃球，我姊姊願意在這件事上花那麼多時間、那麼多體力，就因為孩子喜歡，孩子享受那個過程，我覺得這真的是基於無條件的愛才做得到。

接受孩子本質，引導他趨向良性發展

吳信信：其實我自己常覺得我的愛也是有條件的，你今天乖、聽我話，我喜歡你多一點；你今天欺負人，我就不高興你。我覺得多少會有一些這種情緒，但我還是想到「孩子是神的產業」，意思是我們要接受他自己。今天很多情況是我們的孩子不接受他自己，父母也不接受孩子的本質。

譬如我老大，他是一個很敏感的人，會在大家玩得很開心的時候，因為別人做了一些事情讓他心裡不舒服，就突然說不玩了、要走了，常常把大家高興的情緒澆一盆冷水。我們為此跟他溝通過很多次，我於是發現這個兒子很敏感，但敏感的個性特質是中性的。如果這個敏感用在別人身上，能夠注意到某個人心情不好，可以多去關心他，這樣其實很好；但是你把所有的敏感全部放到自己的身上，就會很辛苦。我們讓他慢慢了解到這一點，現在他學會把這種敏感度用在別人身上，跟他在一起的人都很喜歡他，因為他成為一個很懂得關心、照顧他人的人。

我覺得，人的很多本質是中性的，可好可壞，就看你怎麼去引導，重要的是要先認識自己，並且接受自己。就拿書豪來說，他九年級的時候每次練完球都很沮喪，上車第一句話就是：「為什麼你長得這麼矮？」於是我就知道，一定是打球的時候被人家蓋了不少火鍋，在球場上吃了一些苦頭。他會對我抱怨他可能因為基因遺傳而沒有的一些特質，我回他說，「如果你不是我兒子，那麼你今天所擁有的能力，譬如你的聰明，在球場上能運用你的頭腦掌握、判斷局勢可能也就會……，不一樣。」這就是讓他了解不論別人怎麼看自己，你要認清楚他自己是誰，接受自己的本質，了解自己的長處與缺點，進而改變自己的缺點，發展自己的長處。

每個人既然都有他自己專屬的特色，所以我覺得父母的角色便是幫助孩子找到他自己特別的那一面，然後幫助他們繼續往前走。而且，孩子快不快樂很重要。我們常常逼著孩子走一條他們實在很不願意走的路，這樣將來他不會快樂。我一個朋友的孩子機械系畢業，在公司做事後發現不喜歡這個行業，後來到一家麵包店幫忙，找到他的興趣，最後他媽媽支持他改行去發展飲食業。現在他早上六點鐘出門，晚上六點鐘才下班，工作時間很長，但他做得很快樂。人生很短暫，就算可以活到八、九十歲好了，難道你要他們那八、九十年都不開心嗎？還是你希望你的孩子一直過得很開心？

當然，「自己開心」並不是我們教育孩子人生唯一的目標。我常常教孩子「盡你的力做你該做的事情」，不管念書也好，打球也好，彈琴也好，你盡力了就夠了。所以他們成績考不好的話，我第一句話就是問：「你盡力了嗎？」你盡全力還是考到這個成績，我就沒話說了。而他們自己也會反省：「我可能這裡可以加強一點、那裡還可以改一點。」我記得老大第一次參加學校球隊後，考試成績特別差，我們第一時間的直接反應是考慮不讓他打球了。但是，還好沒有立刻講出來，而是問他：「你覺得你在功課上盡力了嗎？你打球跟學校課業時間的安排，恰當嗎？」他回答說還有進步的空間，於是我們讓他再試試看，結果他自己努力調整，就沒再出現同樣狀況了。所以孩子如果盡到他的全力，不管結果如何，這就是他的成績，我們就欣然接受，不然你就另外想辦法去幫他忙。千萬不要他盡力了，卻還去責備他。

良好的親子關係是一道鞏固的防線

吳佑佑：我常常覺得，如果我們能夠真正看清楚孩子的本質，並且接受他的不完美，才能建立比較緊密的親子關係，一旦碰到問題，也才比較不會向父母隱瞞。

我女兒小學三年級的時候天天忘東忘西，那時我真的是受夠了，有時候臉色就不是很好。有一次她說她考試沒考好，我聽了一句話都沒吭，她卻說我在罵她；我說：「我連話都沒講，怎麼是在罵你？」但她回說：「你的眼神在罵我」。國小生考四十分，很難讓人高興吧？雖然沒有責罵，可是我們無形之中傳達給孩子的，就是你這樣不夠好、你做不到我的要求，孩子一樣會感受得到。那時她和她妹妹都去上才藝課，她禮拜三上課，她妹妹的課則在禮拜五，有一次禮拜五我送她妹妹去上課時，她的老師就笑說你們家的「忘忘小姐」這次帶錯別人的包包回家。我回家以後問她：「知不知道帶錯包包？」她說知道。我又問：「是什麼時候知道的？」她說，她坐上回家的車時就知道了，可是當下她選擇不講。我自問她為什麼選擇不講？很多父母都會說：「只要孩子說實話，我不會罵她」，但我們的表情可能已經傳遞出的訊息是：「你真的不夠好，因為你表現的就是很糟糕。」孩子選擇不告知，也是一種說謊，這事件讓我跟我先生認真的重新評估我們對孩子做錯或做得不夠好時的態度，如果我們不接受她的本質，只希望她成為我們心目中的小孩，我們跟她的關係只會變糟，當她真正碰到困難的時候，她不會來找你，我們更希望的是教會孩子誠實接受自己的錯誤，懂得學習改變或從錯誤的經驗中學習，練習面對及收拾後果。所以我們認真思考，我們沒有辦法保證孩子將來不會發生事情，如果我們跟孩子關係不好，萬一發生事情的時候，她會隱瞞。就像我，碰到困難時，我絕對不會找我媽媽，我只會找我姊姊們，因為找媽媽會挨罵，而找我姊姊們我可以得到安慰及協助。如果我們不去接受孩子的困難，只希望依照我們期待的方式成長，我們可能會很失望。

曾經一位青少年被父母帶來就診，父母都是醫師，他們年輕時很會念書、各方面都很優秀。然而這孩子上國中後開始不交功課，就算完成的功課也是用抄的，課本一打開，裡面全畫滿一些有的沒有的東西。他媽媽覺得自己念書的時候好像從來都沒有問題，為什麼孩子讀起來卻這麼艱難，她感覺非常挫折。實際上我沒有幫他什麼，我常覺得當父母帶孩子到診間的時候，已經開始改變了，他們開始認真思考孩子的問題。這個孩子甄試上新北市一所高工，主修與繪畫為主的科系。我很為這孩子與他的父母感到高興，父母親調整自己的期待與心情，接受孩子與自己不同，尊重孩子的選擇，現在的社會，跟我二十幾年前剛開始工作時的狀況相差很多，現在的父母親越來越能夠接受多元化的社會，孩子可以選擇職業專科校，而不是只有高中大學。

父母應該要接受每一個人都不一樣，走的路都不一樣，學習成效也不一樣。親子互動裡最重要的，就是一個良好的關係，陪伴孩子成長。良好關係所產生的效果，常遠遠超乎父母的預料。

從小便在孩子心中植入一把尺

吳信信：對於教養孩子，我覺得我做對幾件事，第一是讓他們認識基督信仰，所以他不管是經歷挫折或是迷失方向的時候，可以依靠神度過或找到對的方向。另一個我覺得自己做對了的事，就是建立孩子的人格，這是絕對要做的事。

我自己的個性很叛逆，就讀國中的時候，校內有幾位出名的問題學生跟我同班。那時我叛逆到想要讓我媽媽痛徹心扉，所以決定去做太妹，可是我跟她們出去玩了一次，就覺得她們做的事情我沒辦法做，於是我發現我媽很厲害，因為她在我小的時候就已經把是非黑白的觀念放在我心裡，那把尺就已經在那邊，以致於我雖然想使壞卻做不出來。所以從小的人格培養真的很重要，我再氣我媽媽、再怎麼想讓她傷心，可是我看不慣的事情我就是沒辦法做。

在這方面，我們家的信仰便是一種準繩。小孩高中的時候，常常籃球比賽以後大家會去慶祝，而我是緊張型的媽媽，所以每次慶祝都會跟去，也因為我是愛心媽媽，所以理所當然就跟著一起去。一般他們慶祝的方式都是在飯店聚餐，不致於有問題，有一天我碰巧有事沒辦法馬上跟著去，所以要他先去，我等會兒再去接他。那天剛好不是到餐館，而是去隊友的家。一個鐘頭之後，我看到教練從後面經過，我心想：糟糕，今天教練沒去，那表示球員們自己去，於是我趕快打電話給孩子，問他現在在哪裡？他說：「我回家了。」我問為什麼，他說：「因為我去的時候，發現那裡有酒、有藥。」意思就是，有人帶了酒跟禁藥過去，他到門口一看見那些，就要求隊友先送他回家，那個學生還激了他一下，說：「你確定你現在要回家嗎？裡面這麼好玩。」他說，我很確定我要回家。跟他講完電話之後，我嚇得半死，趕快開車回家，因為我知道他一定心裡有一點不舒服。一路上我就很感恩，我說這不是我教出來的，這是因為他知道他的行為要對神負責，不是對我，所以他知道那個不好、不對，他就應該離開。像這樣關於是非對錯的道德觀念，我覺得要在年紀非常小的時候，就把這些基礎的東西教給他們。

讓孩子了解並坦然面對「我是誰」

王浩威：在美國，打籃球事實上種族的歧視蠻嚴重的，應該說在整個運動界都算嚴重，我自己也曾經有一個個案，十年級升十一年級的時候，他的非洲裔教練叫他不要來打球了，因為在教練眼理，他這樣的們亞洲人反正拿任何獎學金都輕而易舉，這個獎學金就留給非洲裔吧！所以一開學，他就被趕出球隊。但事實上，本來就不是每個人都很會念書，所以他的成就感整個垮掉，之後進入幫派，幸好家人趕快把他拉回來台灣。

我想，很多在美國長大的小孩子，進入青少年階段時都開始意識到周遭的種族歧視，在同儕的文化裡，這種情況也越來越嚴重，很多在台灣的媽媽，或是亞裔的媽媽在美國可能也沒有意識到這點，你們怎麼看待這些呢？

吳信信：我覺得，其實歧視在每一個社會都有，在台灣也不例外。不管是外貌，聰明才智，種族、社會地位，到處都有。認識自己，找到自我，就是面對所有歧視最好的方法。當我知道我是誰，我知道我是被愛的，我知道雖然有人不接受我，但神接受我，這可以戰勝許多周遭的敵意。

吳佑佑：批判的言論應該一直都存在，部分人們的價值觀，絕對不代表所有。回應我姊姊信信剛剛講的，他自己認清楚他自己，很多聲音對他而言就變得不那麼重要了。所以碰到難以杜悠悠眾口的狀況時，與其去糾正他人，不如想辦法教孩子如何適應。這還是要回歸到孩子的本質，以林書豪的情況來講，我相信他應該已經不太會被雜音影響表現，讓他人的評判對自己的影響減低。

吳信信：我還是覺得，「我是誰」很重要。林書豪在學生時代不喝酒，但高中，大學的時候他常常會碰到大夥喝酒的場面。我記得我一個朋友的孩子也打球，碰到大家喝酒的場面時，那孩子會假裝喝，然後把酒灑得自己一身，好像他已經喝醉了似的，這樣他就不用再喝了，但是他內心深處還是沒有辦法認同自己身為球員卻不喝酒，所以他一直都得假裝，到大學了還是這樣。而林書豪就不一樣，他很坦然地說我不喝，這就是我——你今天接受我，我也不喝，你不接受我，我也不喝。結果大家後來就尊重他這個選擇，變成只要有林書豪在，大家就不會有酒。他不去假裝，坦然面對，當他坦然面對的時候，別人就能夠坦然面對他。

堅定的陪伴與支持

王浩威：打NBA的確壓力很大，應該常常會處在很低潮的狀態，做為家人你怎麼去照顧或安慰、鼓勵？

吳信信：林書豪說我平常對他都很不好，但是他在NBA發展聯盟（D-league）那段期間是我對他最好的時候。平常我對孩子要求比較嚴格，可是那時我知道全世界的人都在批評他，都說他不好，那個時候我們沒有給他任何壓力，打或不打，全部由他自己決定，我們無條件支持。

王浩威：怎麼支持？

吳信信：就是陪他。他平常是不要我陪的，甚至會要我給他一點空間。但是我記得那年聖誕節我們全家都聚在一起，連同我媽媽，都在舊金山，而林書豪被通知當晚就要去Reno（勇士隊的發展聯盟對所在地）。他那天晚上心情很低落，那個時候我就知道他這趟去心情會非常糟，所以我跟他說：「你先去，我明天就去看你打球。」他一直勸我不要去。但是隔天早上，我怎麼樣都覺得不對勁，還是決定去看兒子。我先生質疑說，有沒有搞錯，要下雪了，我跟他說，你不去沒關係，反正我去定了，你準備好就跟我去，沒準備好我就自己一個人去。結果我先生跟我一起去，我們開車開到一半，雪就已經下得很大了，要停下來裝雪鏈，這時書豪就打電話來，問我說：「你在哪裡？」，當我告訴他我們在路上，他很開心。雖然他覺得我們去會很辛苦，但其實他是很希望家人在旁邊。如果我們那天早上沒出門的話，我們就一定趕不到。我們趕到的時候，已經是半場了，但是至少那天結束後他就可以跟家人在一起，接著過了幾天以後，哥哥、嫂嫂、弟弟也全部都飛去了。我們就是用這樣的方法支持他，就是待在他旁邊，不需要講太多，也不需要跟他一起埋怨，因為他已經夠受的了。我們就只是陪他，大家在一起的玩，可以讓他抒壓一下。

溫和的直升機

王浩威：你剛剛說過你是很焦慮的媽媽，其實我們在社會裡可以看到，最焦慮的媽媽就會變成「直升機媽媽」，總是嚴密監控孩子。不管她是有意還是無意，她就是忍不住要去當愛心媽媽，因為當愛心媽媽就可以合法地隨時監控。所以焦慮的父母常常會不自覺地犯了很多錯，這個部分你自己覺得呢？

吳信信：我也犯了很多錯啊！我覺得可能美國的文化有一點點不一樣，不是誰要去做愛心媽媽都可以的，要教練同意才行，如果家長常常逾越分際的話，教練就會請你不用做了。

王浩威：我們的老師沒有這個威嚴，這個權力被剝奪了。

吳信信：教練是很有權力的。我覺得，一方面也是通常沒有人要做愛心媽媽，做愛心媽媽是孩子年紀小的時候有很多，但是孩子大了以後通常沒有家長那麼愛做。

吳佑佑：其實父母親責罵小孩，是因為自己有焦慮，而焦慮是有原因的。我記得我有一次演講，那時《天下雜誌》刊出一篇討論直升機媽媽的文章，那天校長在開場白時就提到他在雜誌看到「直升機媽媽」這個名詞，校長介紹我上台之後，我就直接對校長承認，說我就是直升機媽媽，因為我的孩子非常的不專心。我姊姊信信小時候是故意讓琴譜回不了家，而我女兒則是很有心要把東西帶回家，可是她從來就帶不回來，就是忘記了。她是專注力非常有問題的小孩，如果不去盯她可能就會忘記交功課，無法完成自己的工作。可是我跟校長講，我雖然是直升機媽媽，可是我監控的方法不是拿著探照燈那樣盯著她，我監督的方式很溫柔。

我覺得每一個孩子真的都不一樣，假如他真的是有困難，你一定會去協助他，不可能放著不管。大家都說嚴格的父母為虎媽，我認為如果說孩子的個性像似老虎，你要叫綿羊來教養嗎？如果孩子像兔子，那就是兔媽；孩子像綿羊，就是羊媽，也就是父母親絕對會依據孩子的個性去修正自己的行為，否則就不可能會有好的成果。我覺得直升機本來就有其多功能，如何當一個有功能的直升機媽媽協助孩子，也沒有什麼不好。

吳信信：我的小孩比較不會忘東忘西，但是有一個孩子早上會賴床，要叫好半天才起來，每天早上就很辛苦。後來我的方法就是：好，你不起來，我也不起來，我們就看誰睡得久。這樣子睡，就每天遲到，到最後學校跟他說你這禮拜再遲到的話，禮拜六要去上課。結果那個禮拜六他真的得就去上課。後來又再繼續幾次，學校說你再遲到，就不能來上學了。這下他就緊張了，開始自己知道早上要早點起床，早上他還會來叫我起床，不用我去叫他。我覺得，父母越關心、越幫小孩打點好好的，小孩的自主力就越弱，反而是父母比較忙的、沒時間去管的，那些小孩自己反而比較知道怎麼照顧自己。或許有時候你要幫孩子，但是可能也要讓他經歷一些過程，就是讓他有犯錯的機會；先試試讓他錯幾次，看他有什麼反應之後，再決定要不要幫他。

吳佑佑：有些孩子的問題可能像我女兒一樣，需要父母去包容跟適應，有些則像我姊姊信的孩子那樣，需要給他一點經驗、教訓，好讓他改掉這個行為。父母可能會困惑，不知自己孩子究竟是屬於哪種狀況，該採取哪種對應方式？我覺得這真的是因人而異。

以我孩子忘記東西的問題而言，我是職業婦女，怎麼可能每一次都幫她送東西，但如果在我時間可以的情況下，我會幫她們忙，協助收拾後果。我不希望他們因為常犯錯，變成不在乎，不會覺得不好意思。我覺得父母親要練習講正向語言，這真的蠻重要的。如果孩子從小被罵習慣了，會變得不在乎，作業沒交就沒交，老師罵就老師罵，不上學就不上學；這就比較麻煩了，要評估孩子所面對的困難，對孩子做出合理的要求，以正增強的方式幫助孩子累積成功的經驗，建立其榮譽感，他會願意去做好。

小孩子的管教絕對是多面向的。如果孩子喜歡去學校、喜歡這個團體，當你剝奪他參與那個團體的機會，他就會變得比較焦慮，反而會願意配合；相反的，如果這個孩子拒學、不喜歡去學校，剝奪他上學的權利，他會高興得不得了，凡事都要個別評估。

雖然我幫孩子打點滿多的，因為不幫她，她可能午餐就沒有便當吃、功課就沒有交；但我也會讓他們去承擔自然後果，她也必須為她自己做錯的事情負責任，比如說她拿錯她人包包，又不在發現當下告知，造成別人困擾，她就必須為自己的不誠實接受處罰，我處罰她寫十遍：「我要為我自己沒做好的事情負責任，不可以拖累他人。」然後壓在她桌子底下，一個月之內不可以拿掉，意思就是她必須要練習「記得」這件事情，要誠實面對自己的錯誤。

管教真的很複雜。我覺得學習成長中的孩子是辛苦的，一個小孩子一天在學校裡要記住數十件大大小小的事，他如果注意力不好，就會看到他一直在犯錯；如果讓他習慣於犯錯、習慣於被罵，卻不去學習處理，彌補自己所犯下的錯，這不是好的策略。孩子在面對自己的問題、自己沒做好或所犯的錯時的態度是很重要的。

了解孩子的個性，拿捏對待的分寸

王浩威：你三個孩子都愛打球，可是最後走上籃球這條路的就只有林書豪，首先，三個小孩是不一樣的，所以你在教養上可能會有不一樣；再來，華人的家庭裡面常常哥哥、姊姊的成就會變成弟弟、妹妹的陰影，很難突破，因為弟妹跟不上，不知不覺就自我放棄了，無形中變成家中的黑羊，讓家裡氣氛變得很糟，手足彼此不睦。這種手足之間難免會有競爭的情況，從你自己的成長經驗，到後來看著自己孩子們成長，你怎麼處理這個部分？

吳信信：我們三個姊妹感情很好，手足的關係對我來說很重要，因此我希望我孩子們的關係能夠很好。我自己的方法就是不偏心，對他們三個都一樣。我心裡可能會覺得誰比較貼心，但絕對很公平地對待三個孩子。不過我後來發現其實我做得也不好，因為我的老大會說我偏下面兩個，我的老二會說我偏另外兩個，我的老三會說我偏兩個哥哥，他們都覺得他們不是那個最被愛的。但是基本上，真的要他們們心自問，他們不會說我偏心。

另外，我自己也會小心。譬如說哥哥跟林書豪雖然差三歲，但是個子只差一點點，從小就是這樣；書豪個性也比較猛，比較有幹勁，哥哥則比較內向，所以書豪常常帶很多打球得到的獎狀獎盃回來。我們因此規定，家裡客廳不能放這些東西，他的獎狀、獎盃全部都擺在他自己的房間，因為如果把他所有的戰績都放在客廳的話，一進客廳就全都是書豪的東西，哥哥心裡可能總是會有一些芥蒂。從他們出去打球就看得出來，書豪如果在的話，哥哥就打得超好，就是死要把他弟弟壓下去；愛打球的人都知道，在球場上不講父子兄弟情誼的，只有競爭的關係。

我覺得，做父母的要知道自己孩子的個性。我老三的個性就比較豁達，所以他很安然做林書豪的弟弟，從小就不會和哥哥去較勁，一直都很開心。我們曾經建議他不要打籃球，就算打籃球也不要做控球後衛，但他還是要，完全沒有哥哥這個方面的壓力。

王浩威：可是，比方說林書豪有很多比賽，所以其實你陪他的時間，比起陪其他兩個，相對就多很多？

吳信信：我沒有特別多陪林書豪，哥哥打的時候，就是拖著他們兩個弟弟一起去。書豪打球的時候，哥哥都會主動去看他，除非他自己有比賽。像哥哥去加州大學洛杉磯分校（UCLA）念書那一年，書豪有一個很重要的區域冠亞軍賽，哥哥特別飛回舊金山到場幫他加油。因為書豪很崇拜哥哥，哥哥一直是他的偶像，如果哥哥在的話，會打得更好。老三在東部上大學，去年大雪天，我們還全部都飛到康乃迪克去幫老三加油，因為兩個哥哥說這一整季都沒有看到他弟弟打球，所以在放假期間都飛去。

吳佑佑：其實在這方面，我覺得很多東西真的用說教的方式是沒有用，對小孩子來說，親眼看到的比較實際，所以言教真的不如身教。

交給另一伴，就要對他放心

王浩威：一般來說，談親子教養的時候，好像父親的角色都比較容易被忽略，尤其在海外。

吳信信：爸爸通常事業比較重。像我的老公其實很忙，他那個時候是上班族，有一陣子忙到我的老大問我說：「你是不是跟爸爸離婚了？因為很久沒有在家裡看到爸爸了。」因為他們睡覺了，爸爸才回家；他們起床的時候，爸爸已經去上班了。他那時候真的是每天回家就只是睡覺，全部時間都花在公司裡。但是後來他比較空閒，就會每天跟孩子打球，那時他們常常趕快吃完飯，就一起去打球。所以爸爸應該做的就是盡量找時間跟孩子在一起。

吳佑佑：我先生跟孩子關係非常好，他跟他自己的父母親關係也非常好，他是一個敏感的人，懂得去照顧別人，也很體諒別人。

在很多家庭中「太太」為家庭包辦很多事，我是一個忙碌的職業婦女，我先生並沒有一個能夠無微不至去協助他的「太太」，跟他一些同事比較起來，他有他的辛苦。我們兩個都是醫生，每天上班時間長、事情多，必須排班輪流去接小孩，他是心臟外科醫師，孩子小時，他有時還必須跟他的老師說：「老師對不起，接下來的刀你自己開，我必須要回家，因為小孩沒有人接。」這對外科住院醫師而言，是非常難啟口的。他常說我們兩人對照顧孩子的付出是相同的，一人一半。我的回應是，就以孩子夜裡哭為例，他負責前半段叫我起床，我負責後半段去安撫孩子。家庭的維持，必須要互相幫忙。兩性是有許多不同的地方，如果今天輪到他接小孩，而我剛好沒事，我一定會回家；但如果是我要接小孩，而他剛好沒事，他一定會去玩。實際上你叫我去玩，我也沒興趣，小孩沒帶在身邊，我就覺得沒有那麼好玩，我喜歡回家跟小孩玩；而我不能要求他跟我一樣要回家，不要出去玩。孩子們從小就知道，想要的東西要跟爸爸說，需要的東西要跟媽媽講。臨床上會面對到配偶的抱怨，會期待另一半依照自己方式執行對孩子的管教，我會建議要互相尊重另一半的做法，要相信彼此可以用他自己的方法照顧好家庭。我相信人性本善，彼此相愛會願意為另一半付出的。

吳信信：我覺得其實我先生做了很多，尤其是重要的時候必需要他出馬，譬如說我記得書豪在九年級念完要考美國高考（SAT II）數學，但他那一科上得並不是很理想，所以想給他補習，但那時他打球很忙，補習班時間沒法配合，後來我就把課本交給我先生說，沒辦法了，你自己教他，他沒考好唯你是問，不然我需要去找很貴、專門隨行在書豪身邊的家教。所以他就晚上跟書豪一起做功課，幫他補數學。

我覺得夫妻倆是要互補的，各人要知道自己的角色，還有就像剛剛佑佑講的，把孩子交給先生的時候你要放心，如果不放心，媽媽就得辛苦一點自己做；如果你交給他，卻又不停的指正他，希望先生只是去執行你所期待的，並說他這裡不行、那裡不行，這只會造成彼此的衝突。

王浩威：在這個世界上，大概沒有一對可以複製的好父母，不管是順利或不順利的教養經驗，對我們來說都很重要，讓我們真誠地去看、去思考、去回想自己的親子相處狀況。謝謝信信給大家很深、很真誠的分享，也謝謝佑佑以專業人員和媽媽雙重角色談他的看法，我想這真的是很寶貴的經驗。

王浩威

精神科醫師、作家，心靈工坊文化公司發行人。

吳信信

電腦軟體工程師、基督徒、育有三個兒子，次子林書豪為NBA知名球星。

吳佑佑

兒童精神科醫師、宇寧身心診所院長。

附錄：延伸閱讀

- 《給未來的日記》（2015），潔西・柯比（Jessi Kirby），天下雜誌。
- 《看新聞學思考：增進孩子對世界的理解力與知識力》（2015），李偉文，遠流。
- 《孩子，我學著愛你，也愛自己：成長型父母的34堂課》（2015），黃心怡，張老師文化。
- 《叛逆：美國輔導專家給父母的青春期教育課》（2015），馬克・葛瑞史東（Mark Gregston），華文精典。
- 《生活，依然美好：24個正向思考的祕訣》（2014），張立人，張老師文化。
- 《爸媽，請聽我說！青少年告訴父母的真心話》（2014）梅根・拉芙葛洛夫（Megan Lovegrove）、露易絲・貝德維爾（Louise Bedwell），遠流。
- 《青春期，ＳＯＳ！：給青少年父母的情緒、學習、教養對策》（2014），楊俐容，天下雜誌。
- 《生涯探索，ＳＯＳ！：發現潛能、追逐夢想，給青少年父母的陪伴守則》（2014），楊俐容，天下雜誌。

- 《自然課可以這麼浪漫：李偉文的200個環境關鍵字》（2014），李偉文、AB寶，野人。
- 《浪漫教養的完成式：AB寶給偉文爸爸的真心話》（2014），李偉文、AB寶，大邑文化。
- 《親師SOS：寫給父母、老師的20個教養創新提案》（2013），蘇明進，天下雜誌。
- 《上網不上癮：給網路族的心靈處方》（2013），張立人，心靈工坊。
- 《晚熟世代：王浩威醫師的家庭門診》（2013），王浩威，心靈工坊。
- 《預見家的幸福》（2012），黃心怡，張老師文化。
- 《我不是不想上學：拒學孩子的內心世界》（2012），吳佑佑，張老師文化。
- 《尋找小王子：培養青少年洞察力》（2012），須文蔚編選，幼獅文化。
- 《教養，無所不在》（2011），李偉文，遠流。
- 《閱讀是最浪漫的教養：AB寶的親子交換日記》（2011），李偉文、AB寶，野人。
- 《是我叛逆？還是你古板！》（2011），黃心怡，正中書局。

心靈工坊 PsyGarden

GrowUp 012

青少年魔法書：10位專家的親子教養祕笈

A Magic Book To Teach Your Adolescent Children：10 Experts' Opinions.

王浩威—總策劃

李偉文、吳佑佑、吳信信、林慈玥、林詩淳、

張立人、曾昆一、黃心怡、劉姿君—合著

出版者—心靈工坊文化事業股份有限公司

發行人—王浩威　總編輯—徐嘉俊

執行編輯—趙士尊　特約編輯—鄭秀娟

封面設計—黃昭文　內頁排版—李宜芝

通訊地址—10684台北市大安區信義路四段53巷8號2樓

郵政劃撥—19546215　戶名—心靈工坊文化事業股份有限公司

電話—02）2702-9186　傳真—02）2702-9286

Email—service@psygarden.com.tw　網址—www.psygarden.com.tw

製版・印刷—彩峰造藝印像股份有限公司

總經銷—大和書報圖書股份有限公司

電話—02）8990-2588　傳真—02）2990-1658

通訊地址—248新北市新莊區五工五路二號

初版一刷—2015年8月　初版二刷—2021年12月

ISBN—978-986-357-036-3　定價—300元

國家圖書館出版品預行編目資料

青少年魔法書：10位專家的親子教養祕笈 / 王浩威等合著. -- 初版. -- 臺北市 : 心靈工坊文化, 2015.08
面；　公分

ISBN 978-986-357-036-3(平裝)

1.親職教育　2.親子關係　3.青少年問題　4.文集

528.2　　104015444

心靈工坊 PsyGarden 書香家族 讀友卡

感謝您購買心靈工坊的叢書，爲了加強對您的服務，請您詳填本卡，
直接投入郵筒（免貼郵票）或傳眞，我們會珍視您的意見，
並提供您最新的活動訊息，共同以書會友，追求身心靈的創意與成長。

書系編號－GrowUp012　　書名－青少年魔法書：10位專家的親子教養祕笈

姓名　　是否已加入書香家族？ □是 □現在加入

電話（公司）　　（住家）　　手機

E-mail　　生日　　年　　月　　日

地址 □□□

服務機構／就讀學校　　職稱

您的性別－□1.女 □2.男 □3.其他

婚姻狀況－□1.未婚 □2.已婚 □3.離婚 □4.不婚 □5.同志 □6.喪偶 □7.分居

請問您如何得知這本書？

□1.書店 □2.報章雜誌 □3.廣播電視 □4.親友推介 □5.心靈工坊書訊
□6.廣告DM □7.心靈工坊網站 □8.其他網路媒體 □9.其他

您購買本書的方式？

□1.書店 □2.劃撥郵購 □3.團體訂購 □4.網路訂購 □5.其他

您對本書的意見？

封面設計	□ 1.須再改進	□ 2.尚可	□ 3.滿意	□ 4.非常滿意
版面編排	□ 1.須再改進	□ 2.尚可	□ 3.滿意	□ 4.非常滿意
內容	□ 1.須再改進	□ 2.尚可	□ 3.滿意	□ 4.非常滿意
文筆／翻譯	□ 1.須再改進	□ 2.尚可	□ 3.滿意	□ 4.非常滿意
價格	□ 1.須再改進	□ 2.尚可	□ 3.滿意	□ 4.非常滿意

您對我們有何建議？

□ 本人＿＿＿＿＿＿（請簽名）同意提供真實姓名/E-mail/地址/電話/年齡/等資料，以作為心靈工坊聯絡/寄貨/加入會員/行銷/會員折扣/等用途，詳細內容請參閱：http://shop.psygarden.com.tw/member_register.asp。

廣 告 回 信
台北郵局登記證
台北廣字第1143號
免 貼 郵 票

心靈工坊 PsyGarden

台北市106 信義路四段53巷8號2樓

讀者服務組 收

免 貼 郵 票

（對折線）

加入心靈工坊書香家族會員
共享知識的盛宴，成長的喜悅

請寄回這張回函卡（免貼郵票），

您就成為心靈工坊的書香家族會員，您將可以——

⊙隨時收到新書出版和活動訊息

⊙獲得各項回饋和優惠方案